当代大学生思政教育方法研究

宋　巍　张明伟　钱　立　著

黑龙江人民出版社

图书在版编目（CIP）数据

当代大学生思政教育方法研究／宋巍，张明伟，钱
立著. -- 哈尔滨：黑龙江人民出版社，2024.7.
ISBN 978-7-207-13329-8

Ⅰ. G641

中国国家版本馆 CIP 数据核字第 202498QY37 号

责任编辑：常　松
封面设计：欣鲲鹏

当代大学生思政教育方法研究

宋　巍　张明伟　钱　立　著

出版发行　黑龙江人民出版社
地　　址　哈尔滨市南岗区宣庆小区 1 号楼
印　　刷　黑龙江艺德印刷有限责任公司
开　　本　787×1092　1/16
印　　张　9
字　　数　165 千字
版　　次　2025 年 3 月第 1 版
印　　次　2025 年 3 月第 1 次印刷
书　　号　ISBN 978-7-207-13329-8
定　　价　40.00 元

PREFACE

在当代中国，大学生思想政治教育（简称"思政教育"）一直是高等教育体系中极为重要的组成部分。随着社会主义现代化建设的推进和全球化进程的加快，大学生面临的社会环境和价值观念日益复杂多变。这不仅为大学生的思想政治教育带来了新的挑战，也对教育工作者提出了更高的要求。因此，深入研究当代大学生的思想政治教育，探索有效的教育方法和策略，具有重要的理论意义和实践价值。

本研究从多个维度系统分析了当前大学生的社会环境和思想特征，详细讨论了思想政治教育面临的现实挑战，并提出了相应的教育需求和对策建议。通过引入马克思主义教育理论、中国特色社会主义教育理论以及当代心理学等多种理论基础，旨在为思想政治教育的内容创新和方法创新提供坚实的理论支撑。

教育内容的创新是本研究的核心之一，包括教育内容的统一性与多样性的平衡、理论性与实践性的统一，以及提升教育内容的亲和力和吸引力。此外，探索适应当代大学生特点的教育方法，如网络与新媒体的应用、互动式与体验式教育方法的开发、案例教学与问题导向学习的实施，以及如何在思政教育中培养学生的跨文化交流能力和国际视野，也是本研究的重点。

在方法创新的基础上，本研究还广泛关注教育环境与社会实践的整合，包括校园文化建设、社会实践与服务学习的融合，以及社会组织与学校合作的新模式。同时，针对思政教育效果的评估与反思也是本研究的讨论重点，旨在提高教育实践的反馈效率和优化教育成果。

本研究还着重探讨了数据技术在大学生思政教育中的应用，包括数据在高校思政教育中的具体应用场景、学生数据分析与个性化教学的可能性，以及数据隐私与伦理问题等现实挑战。

通过对这些问题的系统研究，希望能够为当代大学生思政教育提供更加科学、系统、有效的教育方法和思路，从而为中国特色社会主义思政教育的高质量发展贡献力量。

作　者
2024 年 1 月

CONTENTS 目 录

第一章　研究背景与意义 ··· 1

第一节　当代大学生的社会环境分析 ···················· 1

第二节　思想政治教育的现实挑战 ······················ 13

第三节　研究的理论与实践价值 ·························· 17

第二章　当代大学生特征与思想政治教育需求 ········· 25

第一节　当代大学生思想特征 ···························· 25

第二节　思想政治教育的新需求 ·························· 33

第三节　对策建议 ·· 40

第三章　思想政治教育的理论基础 ······················· 46

第一节　马克思主义教育理论 ···························· 46

第二节　中国特色社会主义教育理论 ···················· 53

第三节　当代心理学在思想政治教育中的应用 ·········· 64

第四章　思想政治教育内容创新的方法研究 ············· 71

第一节　教育内容创新的统一性与多样性 ················ 71

第二节　坚持思想政治教育内容理论性与实践性统一 ······ 77

第三节　提升思想政治教育内容的亲和力 ················ 84

第五章　当代大学生思想政治教育的方法创新 ··········· 92

第一节　网络与新媒体在思想政治教育中的应用 ·········· 92

第二节　互动式与体验式教育方法 ······················ 100

第三节　案例教学与问题导向学习 ······················ 111

第四节　跨文化交流与国际视野培养 ···················· 126

参考文献 ·· 133

第一章 研究背景与意义

第一节 当代大学生的社会环境分析

大学生的思想政治素质，是在特定的历史时期中形成并不断进化的。随着改革开放的深入推进，过去 40 多年里，我国社会经历了翻天覆地的变化。国际层面上，经济全球化的趋势加剧了我国与世界的互动及竞争，同时，社会信息化的浪潮也极大地改变了我国的经济增长模式与信息交流方式。国内方面，市场经济的体制改革现已进入一个充满矛盾的新阶段。全面理解这些变革对于科学把握当代高校思想政治教育的现状与挑战，具有极为重要的理论价值和实际意义。

一、当代大学生思政教育的文化与社会环境

（一）文化多样化

文化是人们在社会历史发展和交往中集体创造和共享的生产及生活方式，尤其是精神生活和生产方式的总汇。文化现象本身多姿多彩，展现出多样化的特征。进入 21 世纪，随着文化交流的空间扩大和速度加快，文化的全球化交流已成为人类发展的必然趋势。在这个全球化的时代，尊重每个民族的文化权利，加强不同文化之间的互教互学和相互尊重，寻找共同点并保留各自特色，形成全球文化多样性的新格局，这已成为全球各国人民的普遍期待。联合国教科文组织在其《世界文化多样性宣言》中指出，应将文化多样性视为一种活跃且不断更新的资源，而非一成不变的遗产。文化多样性是创新和创造的源泉，对于人类社会的重要性堪比生物多样性对生态平衡的作用。

随着我国的对外开放不断深化，国内的社会文化也呈现出多元化的发展趋势。科

技的飞速发展为文化多样性提供了新的、强大的平台。同时，生产力的提升也推动了文化多样性的进展。社会经济结构的多元化、组织形式、就业模式、利益和分配方式的多样化，都直接促成了社会精神和文化的多元化。这种文化的多样化不仅满足了广大民众在文化上的多样需求，也反映了人们精神世界和个性的多样性，显示了社会历史的真实面貌和活力，是文化繁荣的关键标志。文化多样性是改革开放后的自然结果，也是我们党应对时代挑战、主动社会变革和历史创造的表现。经济和社会的发展带来了我国文化风貌的多元共存，主要表现在：

文化多样性包括主流文化、亚文化和负面文化的共存。主流文化是社会中占据主导地位的文化，它代表了国家的核心价值观。亚文化则是只有特定群体接受的独特文化形式，它的发展标志着社会在转型期价值观的多元化。亚文化可以补充主流文化，但如果未受适当引导，可能会对主流文化造成冲击或混淆。负面文化则指那些否定或试图取代主流文化的文化表现。

文化多样性还体现在传统文化、西方文化和当代马克思主义文化的共同进步中。我国的先进文化以马克思主义为指导，继承并弘扬了中华民族的优良文化传统，旨在反映最广大人民的根本利益和先进生产力的发展需求。传统文化在历史长河中形成，并在现代社会前对行为和思想产生规范作用。西方文化，起源于欧洲，主要强调个体主义，与整体性的东方文化形成对比。当代马克思主义文化是对马克思主义原则和我国传统的融合，既属于精英，也服务于大众。

在经济全球化和信息技术革命的当下，社会向多极化发展。这种开放性和网络时代的到来促进了文化的多元化进程。文化多样性不仅丰富了社会主义文化的内涵，满足了人们对精神生活多样性的需求，也对人们的思想观念和价值取向产生了深刻影响。这为形成正确的思想观念和价值观带来挑战，尤其是对高校思想政治教育的影响不容忽视。

（二）经济全球化

"经济全球化"这一概念在 20 世纪 90 年代被广泛认可，其最初由西方学者特德·莱维在 20 世纪 80 年代中期提出。2000 年，江泽民同志在会见"二十一世纪论坛"参会的国际代表时强调，经济全球化已经成为世界经济发展的必然趋势，是各国未来经济发展必须依赖的外部环境。经济全球化不仅带来了前所未有的繁荣和发展机遇，也伴随着巨大的风险和挑战。党的十七大报告中提出，基于社会主义初级阶段的实际条件，我们需要科学分析我国全面参与经济全球化的机遇与挑战，这对于推动中国特色社会主义事业的发展具有重大意义。显然，经济全球化已成为当代世界经济发展的一个核心特征，并将我国与全球经济紧密相连。

从本质上讲，经济全球化是一个基于市场经济，利用先进科技和生产力，以国家为主体，追求最大利润和经济效益的多元融合过程。在表现形式上，经济全球化表现为世界经济活动的国际化，主要通过对外贸易、资本流动、技术转移和服务提供等方式，加强了全球各国经济的相互依存。

经济全球化主要有以下几个特点：

（1）高度流动性与高度开放性。这主要表现在人才、物资、信息、资本和知识等生产要素的全球范围内流动变得更为广泛和频繁。众多国家的大学生纷纷选择出国留学，我国的高端人才也开始在国际舞台上显著亮相。同时，更多国家和地区打破了过去的封闭政策，积极参与到经济全球化的进程中。高科技和网络化的发展也极大促进了这种全球高度流动性。全球各国都在不同程度上参与到经济全球化的浪潮中。

（2）高度集约性与高度垄断性。经济全球化的主要参与者——跨国公司和国际金融机构，在全球经济中具有深远和广泛的影响。我国加入WTO后，许多世界500强企业进入我国市场，这不仅带来了大量资金和先进的管理技术，也为我国，特别是大学生的就业提供了新机会。跨国公司和国际金融机构的活动覆盖了全球经济的各个领域，控制着大约80%的新技术和新工艺的专利、70%的国际直投、60%的世界贸易，以及30%的国际技术转移。

（3）高度渗透性与高度互补性。在经济全球化的影响下，人才、物资、信息、资本和知识流动的时空限制减少，成本下降，资源配置更为互补。发达国家的资本、技术、管理和文化等资源迅速向发展中国家渗透，反之，发展中国家的能源和劳动力等资源也向发达国家流动。这样的资源流动和合理配置加强了全球市场的一体化特征，增强了世界各国经济的相互依赖性，促进了不同国家和地区在资本、技术和资源等方面的互补，从而有助于全球经济的整体发展。

（4）高度的风险性。资本、技术、管理的快速流动以及思想和文化的广泛渗透，给发展中国家带来了不同程度的经济、信息、科技和政治安全问题。例如，2008年美国华尔街的金融危机引发的全球金融风暴对世界经济体系产生了巨大冲击。资本和技术流向的选择性可能导致一些发展中国家边缘化，甚至在经济发达国家中也有人对经济全球化的高风险表达了反对意见。

（5）高度的依赖性和异步性。全球不同国家和地区之间的经济、技术和资源依赖性日益加深。发达国家控制核心技术，有选择性地输出先进技术和管理，形成了依赖关系的不对称性。经济全球化的异步性导致不同社会形态如后工业社会、工业社会、农业社会和原始社会可能同时存在。因此，许多发展中国家在经济全球化进程中呼吁建立一个公正和合理的国际经济新秩序，以反对发达国家利用全球化获取单方面利益。

（6）科技、服务和生产的全球化。科技全球化主要体现在科技活动、科技传播、科技成果和科技影响的全球化。在这一过程中，"市场换技术"和"技术换市场"的策略显著加速了国际技术转移。生产全球化表现为新型网络企业模式打破了时间和空间的限制，使其产品受到全球消费者的认可和消费。服务全球化则体现在社会服务能力在全球范围内的远程展现。

总结而言，经济全球化是现代经济和科技高速发展的必然产物，也是一个不可逆的客观趋势。对世界而言，经济全球化已成为现实问题，关键在于如何实现平等、公正、互惠、共赢、共存及共同繁荣。对我国来说，必须正视并积极利用经济全球化带来的机遇，同时警觉其带来的新特点和可能的负面影响，尤其是对大学生思想和行为的双重影响，既要引导其积极面，也要防范潜在的负面效应。

（三）体制市场化

市场化是推动生产力解放和发展、实现经济体制转型及建立社会主义市场经济体制的关键途径。在这一体制下，市场在社会主义的宏观调控框架内发挥资源配置的基础性作用，通过价格杠杆和竞争机制优化资源配置，实现效率的提升和优胜劣汰。

自 1978 年起，我国在党中央和国务院的领导下，逐步推进市场化改革。这一进程从农村改革扩展至城市，并在 20 世纪 90 年代末基本建立了市场经济体制。到 2003年，中共中央十六届三中全会通过了《关于完善社会主义市场经济体制若干问题的决定》，标志着 40 多年市场化改革的深化。这些改革极大促进了我国的经济快速发展，经济和综合国力显著增强，国际影响力也随之提升。

我国经济市场化的主要社会变革包括：

（1）社会结构多样化。市场化不仅增加了经济成分和利益的多样性，而且深刻地影响了社会的层级结构。这种经济多样性引导了社会阶层的多样化，不同的经济利益群体形成了明显的社会分层，这包括新兴的中产阶级、企业家以及各种专业人士。随着阶层的多元化，人们的生活方式也随之发生了变化，从消费习惯到娱乐方式都展现出多样性；行为方式和社会互动模式也随之更加多元，例如，数字化生活方式和远程工作模式的兴起。此外，思想观念的多样化表现在更加开放的思想交流和文化接纳上，人们对于新事物的接受度显著提高，社会整体呈现出更加宽容和包容的特性。

（2）经济管理体制与方式的重大改革。政府在市场化进程中显著减少了对生产的直接干预，例如取消了多项指令性计划，并逐步放权让市场主导经济活动。这一变化使得企业可以根据市场需求自主决定产量和经营策略，增强了企业的自主性和市场响应速度。市场价格机制的确立成为商品和服务价值交换的基本形式，有效地反映了市场供需状态，促进了资源的合理分配。同时，中介组织如各类商业协会和专业服务机构的发展，这些组织在市场与政府之间扮演了桥梁和缓冲的角色，有效地减轻了政府的行政干预，增强了市场运作的灵活性和效率。

（3）经济市场化的丰硕成果。市场化改革的推进极大地提升了市场在资源配置中的决定性作用。这一进程不仅加速了国有企业的改革，提高了其市场化水平，还促进了非国有经济的快速发展，使其成为国民经济中的重要力量。在这一格局中，多种所有制经济形式——国有、集体、私营及外资企业共同发展，形成了一个相对平衡的经济体系。此外，这种多元经济结构还促进了技术进步和创新，市场机制的完善使得资源能够更有效地流向最具生产效率和创新潜力的领域，从而整体上提升了国家的经济竞争力和国民生活水平。

当前，我国社会主义市场经济发展正处于关键时期。市场经济的内在缺陷和体制改革中的问题导致一些不良现象的出现。然而，市场经济同时极大地解放和发展了生产力，为经济领域注入了新的活力和动力，使现代意识如竞争、效率、平等和开放等深入人心。

（4）体制市场化给当代大学生带来的影响。一方面，市场化有助于培养大学生的竞争意识和现代公民意识，增强其现代人格的形成。在这个过程中，市场化不仅是现代化发展的必然产品，而且是构成国家现代化的核心要素。现代人格是实现国家长期发展成功的前提，与国家现代化进程相辅相成。在社会现代化的推动下，所培养的现代态度、价值观、思想和行为方式对社会进步具有极为关键的作用。特别是市场化所强调的平等、竞争和效率等价值观，能显著促进大学生现代人格的形成，使他们更好地适应未来社会的需求。

然而，经济体制市场化也对大学生带来显著的负面影响。在市场经济的影响下，物质追求变得异常强烈。很多大学生的价值取向趋向高消费和功利性，从社会本位逐渐转向个人本位。这种转变不仅表现在消费行为上，还反映在他们的生活方式和思想观念上，即主体意识增强，个人主义价值观突出，以及价值标准的功利性加深。更加宽容的态度对不同的价值取向也使得一些传统美德如勤俭、谦逊等在当代青少年中的重要性逐渐减弱。现代青少年越来越倾向于以自我为中心，追求感官享乐和物质利益的最大化，这种趋势导致了奢侈、功利主义和纵欲的价值观的兴起。

大学生的价值观念的偏移和道德社会化的扭曲，功利主义的盛行，以及个人主义的强化都是市场经济体制下的产物。这种环境下，他们可能变得更加自私和迷茫，个性化和随意性的行为也更为突出。"唯我独尊主义"的价值观在大学生中得到了一定程度的认可和推崇，这种现象值得我们深思。

综上所述，市场化对大学生带来的影响是双刃剑。我们需要警惕市场经济体制可能引发的负面效应，也要充分利用其积极因素，通过适当的教育和引导，帮助大学生建立正确的价值观和人生观，使他们能够健康地成长并有效地服务于社会的发展。

二、当代大学生思政教育的网络环境

思想政治教育网络环境的内在结构排列和组织方式的差异，不仅形成了该环境在覆盖范围、本质特性以及结构组成上的多样表现，而且塑造了其独特的开放性、交互性、发展性和可塑性。这些属性反映了思想政治教育网络环境的物质构建性质，表明了其在操作和功能上的复杂性与灵活性。这些网络环境的类型与特征体现了一个动态交互系统，其中包括物质、能量和信息的连续交换。这些交互过程不仅支撑了网络环境的运行和发展，还促进了核心价值观的凝聚和传播。通过这样的网络环境，思想政治教育可以更加深入和广泛地影响学习者，培养他们的价值观念和思考方式，这是实现教育目标的自为活动。这种自为活动的核心，是通过教育实践来培育和弘扬社会主义核心价值观，加强国家的文化软实力和社会主义现代化建设。

（一）思想政治教育网络环境的结构

当前，网络信息环境已经变成塑造社会主流价值观念、建立道德规范和促进公众成长的关键领域，开创了以虚拟互动为核心的思想政治教育新模式，这种模式通过网络实践来引导情感、塑造认知、改变思想和行为。这个环境不仅满足了基本的社交需求，而且促进了社会实践和个人能力的持续发展。在这一背景下，思想政治教育网络环境作为一个系统，旨在传播思想信息和推动社会主流意识形态的形成及人的全面发展。

结合思想政治教育环境理论和网络空间的独特性，可以将其结构要素细化为主体子系统、信息媒介子系统、内容子系统和规则子系统。这四个要素通过连续的自我调节，共同构建了一个动态平衡的系统。

首先，主体子系统涵盖了所有参与网络活动的行为主体。这些主体不仅包括人——网络环境互动的核心，还涵盖了网络技术的应用、网络规则的制定、信息平台的建设、信息内容的创造与传播以及网络应急管理。尽管存在关于教育主客体的分歧，但从理论上讲，教育者和受教育者都可以视为主客体。这里的主体子系统广义上指所有参与网络思想政治教育的组织和个人，包括党委、政府等公权力机构及企业、平台和普通网民等私权力主体。这些主体不断推动网络环境的创新和进步，也由此深刻影响着人们的生活方式和精神成长，促进了人与网络的共生发展。信息媒介子系统则促进了人与信息网络的深度整合，建立了媒介与个体紧密联系的新型社会结构。在思想政治教育的网络环境中，这个子系统包括所有上网者，他们既是信息的生产者和传播者，也是接受者，成为网络社会架构中的关键"节点"。通过这样的系统性布局，思想政治教育网络环境不仅定义了新时代教育的操作框架，而且为公众提供了一个充满可能性的互动平台，通过这个平台，教育活动的效果得以最大化，也为参与者的全面发展创造了条件。

接下来，信息媒介子系统作为构建网络环境及确保人们网络化生活顺利进行的技术基础和媒介桥梁，扮演着至关重要的角色，相当于网络环境的"生态基础"。这一系统由网络硬件、信息技术以及基于这些技术的媒介组成，它们为思想政治教育网络环境的构建与功能发挥提供了必要的物理和软件支持，深刻影响着信息的传播方式、形态和效果，是网络交流不可或缺的基础。

具体来说，网络环境的形成依赖如网络设备、信息资源、技术协议等基础设施。信息技术在其中扮演着核心角色，它通过连接人与人之间的信息终端，促进教育内容、规则体系等资源的共享及各参与者之间的协调合作，实现了价值交换和意义共享的网络化。这一部分构成了网络环境的物质层面。另一方面，随着数字技术的发展，人类交流的符号中介从传统的语言符号系统转变为数字化中介系统。这种信息中介成了网络用户进行人际互动和自我表达的基础，影响着网络社会中所有的社交活动和自我反思，使信息传播过程本质上成了思想和价值的交流过程，体现了媒介环境在社会关系构建和思想政治素质提升中的作用。

再次，内容子系统由网络设备、信息平台的物理元素和衍生的网络文化、人际互动等主观价值元素组成的资源集合。一方面，作为网络环境物质基础的信息技术，以及网络硬件与软件技术的发展，直接塑造了网络环境的组织结构、运行状态和外观形态，从而影响信息的流通方式。另一方面，从主观角度来看，网络思想政治教育的目的在于引导网络空间的价值观，以促进网民的个体性和社会性成长，因此，任何能够触发网络思想交流和价值整合的事件、话题或议题都是思想政治教育网络环境的内容资源。这里的内容子系统主要是指后者，即能够引发网络用户思想变化的主观内容。

这部分内容在形成后不仅具有自身的运行规律，而且由于其形成过程中涉及人为因素，具备一定的可调节性。网络信息作为网络存在和发展的基本表现形式，在当前，每一个"数字孪生"的背后都代表了现实社会中的个体，网络内容携带着丰富的社会情绪和民意，显示出明显的价值导向和意识形态特征，影响着网络空间中人们的思想观念形成，决定着网络环境生态的质量，成为思想政治教育网络环境的核心内容。

最后，规则子系统是指维持网络环境中各要素有序运作的一系列行为规范和法规的总和，是网络功能执行的关键形式。由于网络环境的技术性基础，思想政治教育网络环境必须是一个有序且科学的环境，通过合理的制度安排和健全的网络安全治理体系来保护和促进主流意识形态在网络空间中的领导地位，防止其受到外界干扰和颠覆。网络环境的规则体系不仅包括技术规则和维护有序运作的保障机制，还包括由网络管理者和决策者制定的，支持有效进行思想政治教育活动的具体规则，如网络行为准入规则、信息内容的生成与流通规则、互动交流规则，以及信息内容治理机制等。

这四个子系统通过相互制约和相互作用，在不断变化和发展中维持思想政治教育网络环境的生态平衡。其相互作用关系主要表现为两种形式：一种是同一系统内部要素间的相互作用，例如，当媒介系统中的技术设备更新后，相关的技术规则和传播模式也需相应调整以适应新的变化。另一种是不同子系统之间的相互影响，例如，信息技术的创新可以提升内容子系统的质量，从而优化教育资源，提高受教育者的思想认识和行为规范。此外，优化后的主体子系统将促进新技术的创新，进一步提高网络设备和传播媒介的应用效率和效果。

在思想政治教育网络环境的广义解释中，包括多个维度的考量。在空间维度上，由于网络空间的参与者均源自现实社会，网络思想政治教育不能仅局限于视角狭窄的在线活动，而应将线上线下结合，全面、客观、深入地分析思想形成的多元因素。因此，这种教育环境既包括影响网民思想的微观网络因素构成的虚拟社区，也涵盖由线上线下互动构建的宏观网络社会环境。在内容维度上，除了有组织、有计划的网络理论教育、文化育人及舆论引导活动，还应包括通过网络进行的其他生产、生活、交往实践中具有思想政治教育效果的活动，主要是推动社会主义核心价值观和主流意识形态的广泛传播与认同。在交往生态维度上，多元和异质的主体在不同的网络环境中会形成各种交往模式，如熟人或陌生人的交往环境，这些环境各有其特定的网络思想政治教育实践样态。

（二）思想政治教育网络环境的作用

思想政治教育网络环境是一个复杂且有机的整体，它拥有独特的内在结构和运行机制。环境中的各个元素不仅相互制约和促进，而且作为一个统一体对外展示其存在并发挥功能，从而产生稳定的系统输出。这个系统能够在面对外部环境变化或其他挑战时，对上网者的思想和整个思想政治教育过程施加有方向的影响。系统功能的规律性体现在其作用机制上，为了确保网络环境能积极地进行育人功能，必须建立并强制执行人们共同遵守的各种规则，这构成了思想政治教育网络环境的核心作用。为了增强规则的适应性并应对来自系统内部和外部的变动，不断地更新和完善规则，以及推进规则执行是必要的，这促使现代化治理机制不断向前发展。思想政治教育网络环境的影响主要表现在积极和消极两个层面。网络信息的传播使得一些感性和形象化的思想观念逐渐为人们所理解和接受，展现出其在社会中的支配力量并重塑社会认同。一方面，作为一个以网络信息传播为核心的文化环境，思想政治教育网络环境在推动网络人际互动和价值引领方面发挥着积极作用。网络已成为当前人们获取信息的主渠道，通过网络媒介平台，人们不仅能够建立人与人、人与环境之间的连接，还能拓宽视野，加强网络交流，方便地参与网络公共生活，消费网络思想政治教育信息。这促进了个人认知结构和信仰观念的转变，帮助将教育内容内化于心并外化于行。在这一过程中，网络环境激发了广大网民参与公共事务的积极性，使他们能够客观、理性地向政府反映意见和建议，自觉地承担起维护清朗网络生态的责任。这种积极参与不仅增强了社会舆论的引导力，也促进了和谐稳定社会环境的建设。

相反，如果思想政治教育网络环境恶化，会引发一连串不利后果，最终阻碍人的全面发展。在一个开放且包容的网络空间中，多元的价值观和五花八门、真假难辨的思想信息充斥其中。同时，由于匿名化和非面对面的交流方式，网络用户可以在各种网络场合以不同身份进行活动，这进一步增加了网络用户在其数字生活中的困惑。首先，如果网络生态的规范秩序受到破坏，各种非马克思主义思潮的涌入会模糊人们的视野，阻碍主流思想的广泛传播和有效作用。网络用户可能会在错误的认知和认同危机中迷失方向，无法科学地评估自己与外界的关系，甚至可能走向主流意识形态的反面。同时，如果网络环境被冷漠和混乱所侵蚀，也会破坏环境的影响力和人的主观能动性，削弱网络环境对人的价值观和信仰体系的塑造作用。

其次，信息传播的混乱极大地阻碍了网络思想政治教育工作的正常进行。信息内容的过度分散和多元化会干扰主流信息的传播，阻塞具有社会理性价值的信息内容的渠道。公众对主流思想的接受不足，无法有效参与到网络空间的信息交流和思想互动中，也无法在价值争论中识别、认同并坚持正确的思想，从而阻碍了网络思想政治教育目标的实现。此外，一些人在工具理性的驱动下，可能形成了"身份理性"的悬置，不可避免地引发了非理性的参与行为，进一步扰乱了正常的思想政治教育秩序。

在探讨思想政治教育网络环境的作用样态时，首先要认识到，教育活动的本质在于培养人，这也是思想政治教育网络环境作用的核心。马克思曾指出，人"不是他们自己或别人想象中的那种个体，而是现实中的个体"。教育应致力于实现人的全面发展。无论这些作用最终如何影响人的发展，都需要在人与外界环境的相互作用中进行。因此，无论思想政治教育网络环境是发挥积极作用还是消极作用，其实质都是影响人的发展。具体而言，一个良好的思想政治教育网络环境是促进人自由全面发展的良性循环的起点。习近平总书记强调，培养时代新人的目标是培养能够担当时代重任的接班人，这为我国教育事业的发展指明了方向。通过制作高质量的教育信息内容和产品，畅通主流信息的传播渠道，建设一个积极健康、规范完善的网络人文环境，可以有效地利用网络环境的隐性作用机制来协调、规范和约束网络用户的行为，使其思想和行为更加符合主流意识形态和社会发展的期望，从而促进网民的个人发展。个人的发展又为经济社会的整体进步提供了人才支持，社会的发展反过来又会进一步改善和优化网络环境生态，形成一个"环境优化——个人发展——社会进步——进一步优化环境"的良性循环。反之，如果思想政治教育网络环境变质，它将剥夺网民接触主流思想和获取真实有效信息的机会，最终影响人的自由全面发展。

再次，思想政治教育网络环境的主要作用对象包括两个层面：一是网络用户（即受教育者），二是负责这些活动的组织和管理者。对网络用户来说，网络环境主要影响他们的思想和行为。通过积极利用网络环境的优势并避免其负面影响，网络用户可以逐步优化自己参与信息共享和思想交流的策略，以促进个人发展。第一，通过网络环境进行思想和行为的引导，采用"全环境育人"的理念，整合虚拟与现实中的教育资源，确保教育活动在网络用户的社会实践中全面实施，建立符合道德要求的行为规范，持续指导和纠正网民的言行。第二，依据受教育者的实际情况，进行发展性引导，鼓励他们创新并积极参与制定规则，深入参与网络环境的治理和优化网络生态的建设，以提升其网络素养和思想道德水平。

对于网络思想政治教育的组织者和管理者，网络环境的作用表现为对系统输出内容的调整，需要他们不断地更新思想政治教育的内容、方式和目标，以适应网络环境的演变。这包括准确理解由网络治理活动、法律体系的完善、技术应用的更新以及关键事件的发生所带来的生态变化，利用多种策略激发所有相关方的参与，为网络思政工作创造更广阔的实施空间，提高其适应性和效果。

最后，思想政治教育网络环境的作用可以分为直接和间接两种方式。直接作用方式通过具体的法律和技术规范直接调控网络用户的思想和行为，设立明确的网络行为规范和生存规则。这包括规定哪些信息可以生产和传播、哪些不可以，哪些行为是被允许的、哪些是禁止的，通过这种显性的影响方式来塑造网民的价值观和行为习惯，从而更有效地支持他们的网络化发展。

间接作用方式涉及利用网络文化、网络人机互动以及网络信息消费等方式来调节网络用户的思想和教育活动。这些活动都深受网络信息流动的直接影响，其中网络信息消费成为间接影响的关键手段。

　　首先，网络文化的塑造作用显著。网络信息的传播通过建立多向流通的技术沟通机制，形成了一个知识共享、价值交换和意义共识的互动文化环境。这种文化环境通过各种文化模式，将价值观、信仰及其他文化符号内化于网民的人格系统中，影响其需求结构，进而维护网络社会行为系统的平衡。在这个过程中，符号的互动成为思想政治教育中教育者与受教育者互动的基础方式。教育者首先需要将主流意识形态的内容转化为符号并通过网络进行传播，然后根据受教育者的知识背景和解码环境，通过多个平台和途径加强双方的联系和精神交流，指导受教育者在设定的意义框架内解读这些符号，从而促进主流意识形态的认同。网络政策、法规、伦理和舆论引导所塑造的积极网络文化，不仅协调和规范网民行为，解决网络生态问题，还保证了正常的网络思想信息流通。此外，激发网民的主观能动性后，他们也将反过来进一步丰富和提升网络文化层次。

　　其次，网络人机互动的保障作用至关重要。网民为了在网络环境中生存，需要借助各种互动活动，其中网络人机互动是基本方式。这种互动指的是人们通过数字化信息中介系统与计算机网络之间的相互作用，形成的信息化技术实践。通过建立网民与网络软硬件环境之间的交互关系，利用数字网络技术和文化产品拓展思想信息的获取和交流渠道，不断满足个体合理的发展需求。因此，在信息中介的作用下，网络人机互动建立起人与人、人与外部环境以及人与内在自我的连接，推动网络社会交往及个人自我反思的过程，为网络空间中各种互动关系的形成和发展提供了必要的媒介保障。

　　最后，网络信息消费的关键作用。在网络思想政治教育中，活动的核心是受教育者经历的"需求—满足"循环，这一过程中教育信息的产生与消费的相互作用构成了教育活动的主要驱动力。教育者产出教育信息以满足受教育者在数字环境中形成的需求，目的是让受教育者通过接触和吸收教育内容及产品，在思想品质、道德行为和社会操守上达到主流意识形态的标准，同时在心理上认可教育活动的价值和重要性。这一过程促使受教育者深入参与网络社会的实践活动，引发更复杂、更深入的教育需求，推动教育者和网络环境的内部结构不断进化，以便不断重新产生教育信息，从而推动新的教育方向和个人发展。在这个"教育信息生产-信息消费-信息再生产"的循环进程中，网络思想政治教育及其环境的内容、形式和结构得以不断扩展和深化。

第二节 思想政治教育的现实挑战

一、全球化对思想政治教育的影响

全球化作为一个多维度的过程，对大学生的思想政治教育带来了深远的影响。这种影响表现在文化、经济和信息的多个层面，对传统的思想政治教育模式提出了新的挑战。

（一）文化冲击

随着全球文化交流的加速，西方文化和价值观日益流入我国，给传统价值观带来了前所未有的挑战。西方的自由主义、个人主义、民主主义等思想，通过电影、音乐、文学和网络等途径，深刻影响着我国大学生的价值观和行为方式。这种文化的渗透可能导致学生在价值取向上出现摇摆，比如过分强调个人权利而忽视集体利益和社会责任。思想政治教育需要重新审视和构建适应全球化背景下的教育策略，以增强学生对社会主义核心价值观的认同。

（二）经济全球化

全球市场的形成与发展，以及消费文化的全球普及，极大地影响了大学生的生活方式和思维方式。市场经济推崇效率和竞争，这些原则逐渐被大学生内化为日常行为的导向。消费主义文化通过广告、媒体和互联网渗透大学生的生活，使得许多学生形成了"拜金主义"倾向，追求物质享受和外在成功成为他们的主要目标。这种趋势与社会主义倡导的奉献精神、集体主义原则形成了明显对立，思想政治教育需致力于引导学生正确处理物质与精神的关系，培养他们的社会责任感和历史使命感。

（三）信息全球化

在全球信息化快速发展的今天，信息流通的加速和扩大使得信息碎片化问题日益严重。大学生通过互联网接触到大量快速更迭的信息，这不仅使他们的注意力分散，也加大了他们在价值判断和思想深度上的困扰。碎片化的信息难以形成系统的知识体系，学生可能只是表层地接触知识，难以进行深入思考。此外，信息的不对称和错误信息的流传也可能导致学生形成偏见或误解。思想政治教育在这一环境下，要加强对信息的筛选和引导，帮助学生建立批判性思维，提高他们的信息素养，以适应快速变化的信息环境。

综上所述，全球化对大学生思想政治教育提出了新的挑战。教育者需要深刻理解这些挑战，并创新教育内容和方法，以培养能够适应 21 世纪全球化背景的优秀社会主义建设者和接班人。

二、价值观多元化

在全球化的大背景下，价值观多元化对大学生思想政治教育提出了复杂挑战。这种多元化主要体现在个人主义的兴起、道德相对主义的普及，以及不同文化之间的交融。这些现象不仅改变了学生的思想行为模式，还影响了他们对传统和现代价值观的认识和接受。

（一）个人主义的兴起

随着市场经济的深入和信息技术的发展，个人主义在全球范围内得到广泛传播和强化，尤其是在年轻一代中。在大学生中，这种自我中心的思想逐渐侵蚀传统的集体主义价值观，导致一些学生过分强调个人自由和权利，忽视集体利益和社会责任。思想政治教育面临的挑战是如何在强调个体发展的同时，引导学生正确理解和承担个人应有的社会责任，维护和弘扬集体主义精神。

（二）道德相对主义

道德相对主义认为道德观念没有绝对的、普遍的标准，而是由特定的文化背景和个人选择决定。这一观点在多元文化和思想碰撞的环境中得到加强，使得大学生在面对不同的道德观念和行为准则时，可能产生价值观的混乱，难以判断对错。思想政治教育需要在尊重文化多样性的基础上，引导学生建立稳定而一致的道德标准，明确社会主义核心价值观在现代道德体系中的地位，帮助学生在多元价值观中找到正确的道德方向。

（三）文化多样性

文化多样性是全球化的直接产物，也是当代社会的一大特征。大学生在多元文化的环境中接触到各种不同的文化元素和价值观念，这对他们的世界观、人生观和价值观构成了深刻影响。思想政治教育的任务是在肯定和尊重文化多样性的同时，坚持社会主义核心价值观，避免文化相对主义的消极影响。教育者需要用普遍性的社会主义核心价值观来整合多元文化带来的影响，确保大学生能在多元文化交流中提升自身素质，而不是迷失方向。

综上所述，价值观多元化对大学生思想政治教育带来了前所未有的挑战。教育者需要深入了解这些挑战，并创新教育方法和内容，引导学生在多元化的环境中形成正确的价值观和行为准则，促进他们的全面发展。这不仅需要在教育实践中综合运用多种教育资源和手段，还需要在理论上不断深化和丰富社会主义核心价值观的内涵，以应对时代发展的新要求。

三、政治教育与实际政策的脱节

在当前的教育实践中，大学生思想政治教育面临着与实际政策不相符合的问题。这种脱节主要表现在政策更新的滞后性、教育实践与理论的分离，以及教育方法的单一性。这些问题的存在不仅影响了思想政治教育的有效性，也限制了学生价值观形成的广度和深度。

（一）政策更新滞后

当前的思想政治教育政策往往无法及时反映社会变革和技术发展的最新成果。随着社会经济的快速发展和国际形势的不断变化，大学生面临的实际问题也在不断演变，例如数字化挑战、就业压力增大、全球视野要求提高等。然而，现有的教育政策往往还停留在解决过去问题的框架内，未能有效适应这些新变化。这种滞后不仅减少了教育内容的实用性，也可能导致学生对思想政治教育的兴趣和信任度下降。

（二）实践与理论的分离

思想政治教育中存在一个明显的问题是教育内容与大学生的实际生活经验脱节。

许多教育理论和政策指导都是基于传统的教育模式和社会经验，而忽视了现代大学生的生活方式和思维方式的变化。例如，当前大学生广泛使用社交媒体和互联网获取信息和交流，他们的思维更为开放和多元，但传统的教育模式可能仍然强调单向教学和纪律性，未能有效利用现代技术手段和符合年轻人特性的互动方式。这种理论与实践的分离使得教育效果大打折扣，学生很难将学到的知识与现实生活相联系。

（三）教育方法的单一性

目前的思想政治教育方法很大程度上依赖于传统的讲授和灌输式教学，缺乏足够的互动性和实践性。这种单一的教育模式不符合现代教育理念，也无法满足大学生的学习需求。在信息时代，学生更加习惯于通过互动和实践来获取知识和技能。因此，思想政治教育需要引入更多的讨论、案例分析、角色扮演等互动教学方法，以及通过社会实践、志愿服务等方式增强学习的实践性，这样不仅能增强学生的学习积极性，还能帮助他们更好地理解和吸收政治教育的核心内容。

总之，思想政治教育与实际政策的脱节是一个必须正视的问题。为了提高教育的效果和适应性，教育者需要不断更新教育政策，缩小理论与实践的差距，并创新教育方法，使之更加多样化和实用化。只有这样，思想政治教育才能更好地服务于大学生的成长和发展，真正发挥其应有的作用。

四、校园文化和学生个性发展

在现代高等教育体系中，校园文化和学生个性发展是构成大学生思想政治教育核心内容的重要方面。然而，目前大学校园文化的单一性、对学生个性的忽视以及学生参与度低等问题显著，这些问题严重影响了思想政治教育的实效性和深入性。

（一）校园文化的单一性

校园文化应该是多元和包容的，不仅仅传承传统、弘扬主流价值，更应鼓励创新和批判性思维，促进学生全面发展。然而，现实中许多高校的校园文化相对单一，过度强调学业成绩和技能训练，忽略了文化、艺术、体育等方面的发展，未能形成支持创新精神和批判性思维的文化氛围。这种单一的校园文化环境限制了学生视野和能力的全面提升，也减弱了他们对思想政治教育内容的接受和内化。

（二）学生个性忽视

当前的高校思想政治教育往往采用统一的教育模式和标准化的教育内容，忽视了学生个性差异和特定需求。每位学生的背景、兴趣和学习方式都有所不同，教育活动如果不能针对学生的具体情况进行个性化设计，就难以达到良好的教育效果。例如，一些学生可能更善于通过互动讨论来学习，而其他学生可能更适合通过观察和实践来获得知识。教育模式的刚性化和缺乏灵活性，无法满足所有学生的发展需要，导致教育成效不佳。

（三）学生参与度低

思想政治教育的一个重要目标是激发学生的主动参与意识，让他们不仅是知识的接受者，更是价值观的实践者。然而，目前许多高校在这方面做得不够，思想政治教育活动往往呈现出顶层设计的特点，缺乏吸引学生主动参与的机制。教育活动的内容和形式未能充分考虑学生的兴趣和需求，缺乏趣味性和互动性，使得学生感到枯燥乏味，不愿意主动参与，从而影响了教育活动的实际效果。

为了解决这些问题，高校需要创新校园文化建设，提供一个更加多元化和包容性的环境，促进学生在各个方面的均衡发展。同时，应该根据学生的个性差异设计更加个性化的教育策略，以及增强教育活动的互动性和实践性，提高学生的参与度。这些改进不仅能够增强思想政治教育的有效性，也有助于培养学生成为具有批判性思维和创新能力的社会主义建设者和接班人。

第三节　研究的理论与实践价值

一、理论基础与发展

（一）思想政治教育的理论框架

思想政治教育的理论基础是多维度的，涵盖了从马克思主义基本原则到习近平新时代中国特色社会主义思想，再到当代西方教育理论的影响与借鉴。这些理论不仅为思想政治教育提供了指导思想，还形成了复杂的教育实践体系。

1. 马克思主义教育理论的基本原则

马克思主义教育理论核心强调教育的阶级性和工具性，主张教育应服务于工人阶级的利益和社会主义建设的总体目标。这种观点认为教育是一个重要的意识形态工具，不仅仅用于传递知识和信息，更重要的是用于灌输正确的意识形态，以塑造社会成员的世界观、人生观和价值观。马克思和恩格斯在多部著作中提出，教育应该摆脱资产阶级的控制，转而成为工人阶级解放的一种手段。从这个角度出发，马克思主义教育理论强调通过教育实现社会公平和推动社会进步，教育的目的是培养能够推动历史前进的革命者和建设者。

2. 习近平新时代中国特色社会主义思想的教育导向

随着中国特色社会主义进入新时代，习近平新时代中国特色社会主义思想明确为思想政治教育提供了新的理论指导和实践方向。这一导向强调坚持和发展我国特色社会主义，不断推进社会主义现代化建设，深化改革开放，推动全面从严治党。具体到教育领域，这意味着教育不仅要传授知识，更要注重道德修养和人格形成，通过教育形成全面发展的社会人，即具有理想信念、道德情操、较高文化科学知识和较强的纪律观念的社会主义建设者和接班人。教育导向的核心在于形成和谐社会与培养能够承担国家未来的青年。

3. 当代西方教育理论的影响与借鉴

西方的教育理论，尤其是批判理论和后现代主义教育理论，对我国的思想政治教育体系提供了重要的视角和借鉴意义。批判理论家如哈贝马斯和阿多诺强调教育应当解放思想，挑战传统的权威和教条，教育的目的是培养独立思考和批判社会的能力。后现代主义教育理论则进一步质疑现代性的教育基础，认为教育应当反思现代性知识的构建方式，强调语言、文化和身份的多样性。这些理论的引入使得我国的思想政治教育更加重视培养学生的批判性思维能力和独立人格，也让教育者重新审视和调整教育内容和方法，以适应全球化和多元化的新要求。

通过深入分析这些理论框架和探索其在当前我国特定社会政治环境下的应用，可以为思想政治教育的实践提供更加坚实的理论基础和广阔的发展视角。这不仅有助于提高教育的质量和效果，也促进教育公平和社会整体的进步。

（二）理论发展与创新

随着全球化的深入和信息技术的发展，传统的思想政治教育理论面临着新的挑战和机遇，理论的发展与创新成为必然趋势。

1. 跨文化思想政治教育理论的适应性分析

在全球化日益加深的今天，思想政治教育面临的一个主要挑战是如何适应多文化的交流环境。这不仅要求教育者充分理解和尊重不同文化的特性，还需要探索如何将社会主义核心价值观与全球多元文化有效融合。这一过程涉及两个主要方面：

对外传播中国特色社会主义理论的方式：这涉及如何在国际舞台上有效地展示和讲解中国特色社会主义理论，使之不仅被国际社会理解，而且能够被广泛接受。这要求从语言的通俗化、案例的国际化以及理论与国际问题的相关性几个方面来进行策略调整和优化。

坚持社会主义意识形态的同时尊重多元文化：这一策略要求在尊重和融入全球多元文化的同时，确保不偏离社会主义核心价值观的基本路线。这包括发展具有我国特色的社会主义政治经济学、历史观和文化理论，同时在国际交往中展现出开放和包容的姿态，推动形成对我国理论和实践的正确认知和评估。

2. 网络时代下的思想政治教育理论更新

随着信息技术，特别是互联网的快速发展，思想政治教育的传统方法和内容都面临着前所未有的挑战。互联网不仅改变了信息的传播速度和方式，也极大地影响了公众的意见形成和思想倾向。为适应这一变化，思想政治教育理论也必须进行相应的更新。

（1）深入理解网络环境：思想政治教育需要包含对网络环境特性的深入分析，如实时性、开放性、互动性等。基于这些特性，更新教育策略和内容，确保教育活动能在虚拟空间中有效进行。

（2）网络舆情管理和思潮引导：在网络环境下，舆情波动快、影响广，不稳定因素多。思想政治教育理论更新要包括如何科学管理网络舆情，引导网络思潮向有利于社会稳定和社会主义核心价值观的方向发展。这包括利用大数据分析舆情走向，运用心理学和社会学原理进行有效干预。

（3）利用网络平台进行教育：网络平台如社交媒体、在线教育资源和虚拟社区提供了新的教育工具和环境。思想政治教育应利用这些工具进行创新教学，如开展在线思政课程、互动讨论和虚拟社区活动，使教育活动更加贴近学生的生活和学习习惯。

通过这些理论的创新与实践，可以确保思想政治教育在全球化和网络时代下更加有效地进行，不仅增强了理论的国际化适应性，也提高了教育方法的现代化水平，从而更好地服务于社会主义现代化建设的大局需要。

（三）理论模型的本土化

1. 本土化改造的实施

本土化改造是将国外的先进教育理论与我国的具体实际相结合的过程，其核心目标是使这些理论更加符合我国的社会文化和教育环境。这一过程不仅涉及将西方的教育模式和理念通过我国的社会实际进行适配和调整，也包括对这些理论的重新解读和创新，以反映我国的发展需求和价值追求。

（1）适配与调整：适配过程首先需要对西方教育理论中的核心观念和方法进行解构，理解其基本原则和应用背景。随后，根据我国的社会结构、文化传统以及当前的政治经济条件，调整这些理论的应用框架和实践指南。例如，将批判理论中关于权力结构的分析方法，应用于分析中国特色社会主义社会的阶级关系和社会动力。

（2）理论创新：在适配的基础上，进行理论创新是确保教育理论不仅仅停留在复制外来模式上。创新应体现在两个方面：一是在原有理论的基础上发展出符合我国国情的新理论；二是创新适用于我国社会特有问题的解决方案。例如，结合我国的集体主义文化背景，对个人主义强调的西方教育模式进行调整，更加强调集体利益和社会责任。

2. 实践反馈的重要性

实践反馈是本土化改造过程中的关键一环，它直接关系着教育理论改造的有效性和实践方法的适用性。通过持续收集实践中的数据和反馈，教育者可以评估改造后的理论和教育方法在实际应用中的表现，及时发现问题并进行必要的调整。

（1）反馈机制的建立：建立一个系统的反馈机制，涉及从课堂教学到社会实践的各个层面。这包括学生的学习反应、教师的教学体验、社会的响应等多个维度的信息收集和分析。

（2）持续优化：基于实践反馈，持续优化教育理论和教育方法是本土化改造成功的关键。这种优化可能涉及调整教学内容、改进教学方法，甚至是对核心理论假设的再评估。例如，如果实践反馈显示学生对某些理论内容的接受度低，可能需要对这些内容进行简化或更换教学案例。

通过上述的本土化改造和实践反馈，大学生思想政治教育能够更好地适应我国的国情和学生的实际需要。这不仅提高了教育活动的实际效果，也促进了理论的持续发展和创新，为适应新时代背景下的教育需求提供了坚实的支撑。在这一过程中，理论的不断革新和实践的深入推进是密不可分的，共同推动着思想政治教育向前发展。

二、实践价值与方法创新

（一）教育方法的实践挑战

随着社会的快速变迁和技术的革新，传统的思想政治教育方法面临着前所未有的挑战。这些挑战不仅来自教育实践内部的限制，还受到外部环境变化的深刻影响。

1. 当前方法面临的实践困境与批评

当前的思想政治教育方法主要依赖于传统的课堂讲授和集中式学习，这种模式在今天的教育环境中显得过于僵化和单一。主要问题包括：

（1）缺乏激发学生兴趣的机制：传统的讲授法往往忽视了学生的个性化需求和兴趣差异，难以激发学生的主动学习动力。学生可能会感到内容枯燥无味，不易于吸引他们深入学习和探索。

（2）脱离学生生活实际：这种教育方式常常缺乏与学生日常生活经验的有效连接。教育内容很少触及学生的现实问题和社会实践，使得教育变成了高高在上的说教，难以产生应有的影响力和教育效果。

（3）学生实际接受度低：由于教育方法和内容的限制，学生往往不能完全吸收和理解教学内容，导致思想政治教育的目标未能达成，学生的理论知识与实际能力之间存在明显差距。

2. 社会变迁对教育实践的影响分析

社会的快速变化对思想政治教育提出了新的要求和挑战，主要体现在：

（1）家庭与职业模式变化：随着家庭结构的多样化及职业类型的丰富，传统的教育模式需要进行相应的调整以适应这些变化。家庭的教育功能弱化，职业选择的多元性要求学生必须具备更广泛的知识和更强的自主决策能力。

（2）文化多元化的挑战：文化的多样性要求思想政治教育能够尊重不同文化背景的学生观点，提供更开放和包容的教育环境。教育内容和方法需要兼容并蓄，适应不同文化特征的学生群体。

3. 信息化与技术革新对教育方法的挑战

信息技术的快速发展，尤其是互联网和智能手机的普及，彻底改变了教育的传统模式，带来了以下挑战：

（1）当前方法面临的实践困境与批评：当前的思想政治教育方法主要依赖于课堂讲授和集中式学习，这种模式在今天看来过于僵化和单一。批评者指出，这种教育方式难以激发学生的主动学习兴趣，也缺乏与学生日常生活经验的结合，导致教育效果和学生的实际接受度低下。此外，现行的教育模式往往忽视了个体差异，未能为不同需求的学生提供定制化的学习方案。教育内容的呆板和过度政治化也常常遭到学生及家长的反感，这些问题的存在严重影响了思想政治教育的普遍效果与公信力。

（2）社会变迁对教育实践的影响分析：社会结构的变化，如家庭模式的转变、职业结构的多样化以及文化多元化的增加，都直接影响着思想政治教育的内容和方法。这些变化要求教育方法更加灵活多样，能够应对不断变化的社会需求和挑战。例如，随着单亲家庭和再婚家庭的增加，学生的家庭背景变得更加复杂，传统的教育内容可能无法完全适应他们的情感和心理需求。同时，全球化带来的文化交流使得学生接触到更多的思想和观念，这就需要教育者在传授国家意识形态的同时，教育学生如何在多元文化中保持批判性思维。

（3）信息化与技术革新对教育方法的挑战：信息化和技术革新，特别是互联网和智能手机的普及，极大地改变了人们获取信息和交流的方式。这为思想政治教育带来了机会，也带来了挑战，如信息的碎片化、虚假信息的流传以及网络思潮的多变性都需要新的教育对策和方法来应对。教育者需要利用新技术提供更互动、更吸引人的学习材料和平台，例如开发在线课程、使用虚拟现实来模拟社会情境等，以此提高学生的参与度和兴趣。同时，教育系统也需建立起针对网络环境下的信息验证机制和批判性思维培养方案，帮助学生在庞杂的信息中辨识真伪，形成独立的思考能力。

（二）创新教育方法的探索

面对这些挑战，探索和实施创新的教育方法显得尤为重要。这些新方法不仅要与时俱进，还要更有效地促进学生的全面发展和深层次学习。

1. 互动式与体验式教学法的应用

互动式和体验式教学法通过让学生参与到教学活动中来，使学习过程变得更加生动和实际。例如，通过角色扮演、模拟法庭、辩论会等方式，学生不仅能够学习到知识，还能够在实践中培养自己的批判性思维和公民身份意识。这些方法通过模拟现实世界的情境，让学生在安全的环境中尝试和错误，增强学生学习的吸引力和记忆力。此外，体验式学习还包括外出考察和社会实践，如参观历史博物馆、进行社区服务等，这些活动能使学生将课堂知识与社会现实连接起来，加深其对社会问题的理解和思考。

2. 网络与新媒体工具在教育中的实践案例

利用网络和新媒体工具，如在线教育平台、社交媒体、博客和微博等，可以极大地拓宽教育的时空界限，使教育内容更加贴近学生的实际生活。通过这些工具，教育者不仅可以提供更丰富多样的教育资源，还可以实时了解学生的反馈，调整教育策略。例如，教育者可以通过建立专门的在线论坛或群组，促进学生间的讨论和交流；使用微博或博客发布课程更新和学习材料，让学生随时随地接触和复习课程内容。此外，新媒体工具的互动性和开放性也帮助教育者在教学中更好地融入学生的兴趣和需求，使教学更具吸引力和效果。

3. 多元智能理论在思想政治教育中的运用

Howard Gardner 的多元智能理论提出了包括语言智能、逻辑数学智能、空间智能等在内的多种智能类型。在思想政治教育中应用这一理论，可以帮助教育者识别和培养学生的不同智能，采用更符合个体特点的教育方法，从而增强教育的个性化和有效性。例如，对于具有较强语言智能的学生，教育者可以采用更多的文本分析和口头表达活动；而对于那些具有空间智能的学生，可以通过图像、视频和实地模拟等方式进行教学。此外，该理论的运用也鼓励教育者创新教学手段，例如使用音乐和艺术来讲解抽象的政治理论，使得思想政治教育不仅限于传统的讲授和记忆，而是成为一种多维度、互动性强的学习体验。

通过这些创新方法的探索和实践，思想政治教育能够更好地适应当代社会的需求，更有效地促进学生的全面发展。这不仅是教育内容更新的需要，也是提高国家文化软实力和构建和谐社会的重要途径。

第二章 当代大学生特征与思想政治教育需求

第一节 当代大学生思想特征

大学生作为特定的群体，拥有类似的生理和心理特征，共享相似的学习和生活经历，以及近似的情感体验和社会困惑。为了有效地对他们施以教育影响，培养他们形成符合社会发展需求的思想观念、政治立场和道德行为，我们必须科学地认识和分析这一群体。深入了解大学生的独特属性，是提升思想政治教育成效的关键。

一、大学生的情绪特征分析

（一）情绪的稳定性与波动性

大学生正处于青春期的后期，他们具有青年特有的激情和冲动，也表现出较为成熟和自制的心态。作为一个独特的社会群体，大学生的心理和情感特征非常明显。他们在情绪表现上，相较于中学时期已有所稳定，但仍易于冲动。在 18～24 岁的年龄段，他们正处于身心发展的关键阶段，情绪易受挫折影响，表现出极端和固执的态度，情绪起伏较大，可能一时的事件就能影响他们的情绪状态。大学生的情绪经常从一个极端波动到另一个极端，如顺利时心情极好，遇挫则心情低落；对人对事的态度也可能迅速转变。尽管他们的认知能力提高，对情绪的控制力增强，但与成年人相比，他们的情绪仍较为敏感和不稳定。

（二）情绪的外显与内隐特征

大学生对外界刺激反应敏感，情感表达直接，常常情绪表现在脸上，这体现了他们直率和真诚的性格特点。然而，随着自尊心和独立性的增强，他们也会使用心理防御机制来保护自己的内心世界。例如，他们可能表面上表现出自信和骄傲，实际上内心可能存在自卑感，或是出于对失败的恐惧而采取自我保护的行为。在某些情况下，他们可能为了维护人际关系而故意表现出与内心不一致的态度，如虽然不认同对方的观点，却为了关系和谐而做出让步。这种表现并非虚伪，而是一种社会心理适应的表现，反映了他们在社交行为上的灵活性和适应性。

（三）阶段性与层次性的情绪特点

大学生在不同学年面临的挑战不同，因此，他们的情绪特征表现出明显的阶段性和层次性。大学新生经历新环境的适应，新的学习任务，新的社交圈和新的目标，通常初期兴奋和热情高涨，随后可能伴随着自卑感，因为他们必须在全新的环境中重新开始，这对他们是一大挑战。与其他同学的比较和竞争可能会在感到不足时加剧自卑感。因此，新生通常情绪波动较大。

进入二、三年级的学生，通常已经适应了校园生活，情绪更加稳定。他们开始为未来做准备，无论是继续深造还是寻找工作，都在积极地为将来的计划做准备。而毕业班学生面临着毕业论文和就业选择的双重压力，这些因素使得他们承受巨大的压力，情绪波动也随之加剧。

从层次性来看，一项调查显示：约20%的大学生表现出高正性情感，10%的大学生表现出高负性情感；而约40%的学生报告低正性情感，75%的学生报告低负性情感。还有一部分学生表现出中等程度的情感。这表明，正性情感和负性情感的增减并非总是相反，它们可以同时存在。此外，相较于西方学生情感表现的两极化，我国大学生的情感表达更趋于中和。因此，应当引导大学生培养积极正面的情感，减少消极情感的积累。

（四）情感的丰富性与掩饰性

大学生正处于心理成熟的过渡阶段，他们的世界观、人生观和价值观逐渐形成，对社会、国家和他人的情感体验更加丰富和深刻。他们表现出强烈的民族自豪感和自尊心，具有明显的责任感和义务感，情感上爱恨分明，正义感强。他们也积极参与社会福利活动，表现出同情心和责任感，对知识的渴望、对真理的热爱和对美的追求也日益增强。

此外，大学生的交际范围扩大，人际交往变得更为细腻和复杂。恋爱成为他们体验的一个重要方面，伴随着深刻的情感体验，对他们的心理成熟有着重要影响。在社会交往中，他们也在不断学习和应用成熟的人际技巧，为了获得他人的认可和接受，他们努力发展人际和谐关系，构建社会支持网络。同时，他们也可能采用一定的掩饰手段来保持社交圈的和谐，这些行为标志着大学生从中学时期的情感单纯性向复杂化转变。

二、当代大学生的心理特征

每个时代的青年都呈现出与时代相符的独特特征，这些特征需通过时代相应的教育方式来引导。当代大学生在思想观念、价值取向、人生态度等方面展现出新的特点，这些特点是开展大学生思想政治教育的重要依据。

（一）新时代大学生的积极健康心理特征

（1）理想主义与活力：大学生正处于他们的青春期，展现出极大的活力和生命力。他们对未来抱有较高的期望，热血沸腾地追求自己的理想。列宁曾强调，青年是社会主义建设的希望和重要力量，大学生作为这一群体中的精英，拥有较高的文化和科技素养。他们的健康成长直接关联到社会主义及共产主义社会的建设。在改革开放和信息技术的推动下，大学生的思想、科学文化和道德素质得到显著提升。面对挑战，他们以旺盛的精力和理想主义心态，积极为社会主义祖国的美好未来奋斗。

（2）强烈的竞争意识：随着社会主义市场经济的发展和人才市场的扩大，大学生的竞争意识日益增强。他们越来越倾向于将提升自身整体素质，特别是能力发展视为个人发展的核心。在市场经济和自主择业的社会环境中，大学生能直接感受到毕业后面临的市场挑战，无论是在学习、评优、考研还是择业方面，都表现出浓厚的竞争意识。由于他们的视野更广、思维更开放，大学生在学习和生活中注重探索新知和创新，他们的扩散性思维和想象力得到了发展，使他们在面对社会变化时能迅速适应并寻求新的解决方案。

（3）独立性的增强：在新时代的开放环境中成长，当代大学生展现出显著的思维活跃性和个性张扬。他们易于接受并吸收社会生活中的新思想和新观点，表现出明显的批判精神和创新意识。这些特质促进了他们独立自主的心理特性，使得他们在追求事业目标时显示出更强的主动性和积极性。他们的独立性不仅体现在对传统观念的批判和创新精神上，也表现在自主学习、独立研究和创业等活动上，这些都是新时代大学生独立性增强的具体体现。

（4）务实的价值观：新时代大学生的价值观显现出多元化和务实化的特征。在当今社会环境中，价值观的多样性和个性化的发展推动了学生在设定个人目标和评估他人时采用更多样化的标准。他们更倾向于基于自身的实际需求来设定目标，并在对社会和他人的评估中显示出多样的价值判断标准。这种务实的价值取向不仅反映了对社会现实的广泛接受和对现实条件改善的追求，而且体现了对社会和他人的更大宽容和理解。这一心理特征有利于学生个性化的发展，也有利于促进求同存异和和谐社会的建设。当代大学生的价值观不再简单地以理想化的标准来评判社会现实，而是更多地从实际出发，承认并适应社会多样性的现状。

（二）新时代大学生的心理挑战

1. 功利主义和社会责任感的缺失

当前，一部分大学生的价值取向带有明显的功利主义色彩，表现为拜金主义和享乐主义的倾向。这种功利主义不仅体现在他们的职业目标和生活选择中，还明显影响着他们的日常思想和行为。例如，一些学生申请入党可能不是出于对共产主义的信仰，而是为了个人利益，如求职的便利或获取其他利益。一旦达到目的，这些学生的行为往往与普通学生无异，甚至有的利用身份骗取荣誉。此外，一些学生毕业后不愿意到基层工作，对思想政治理论课表现出厌烦，更加注重物质享受和实际利益。这种强烈的功利色彩在大学生中日益普遍，需要高校思想政治教育工作者特别关注。

2. 集体观念和合作能力的弱化

随着个人主体意识的增强，大学生对集体的认同和合作能力出现了相对弱化的趋势。他们在追求个人发展的过程中，可能过于强调个人意识，难以平衡个人与集体的关系。部分学生自我中心强，首先考虑个人利益，忽视或漠视集体利益，不愿参与集体活动，甚至有的为了个人利益牺牲集体利益。一项调查显示，近半数的大学生认同"人不为己，天诛地灭"这一观点。此外，随着学分制和后勤社会化的推广，传统的班级管理功能弱化，导致大学生的集体意识进一步减弱，这是新时期大学生集体观念和合作能力不足的重要原因之一。

3. 耐挫折能力的不足

许多当代大学生是独生子女，从小在家庭的过度保护和关注下成长，缺乏面对生活挑战的经验。父母和家庭成员往往愿意牺牲自己的舒适以确保子女生活优越，导致这些年轻人在遇到挫折时容易感到绝望和丧失信心。他们从未经历过较大的生活挑战，像温室中的花朵一样脆弱，面对困难时容易情绪波动激烈，抗压能力明显不足。这种缺乏经历造成的脆弱不仅限于日常生活小挫折，也体现在更广泛的社会交往和职业挑战中，容易引发焦虑、自卑、不合群和孤僻等心理问题，严重时甚至可能导致心理健康问题。大学生在面对生活和学业压力时的心理承受能力相对较弱，需要通过系统的心理教育和辅导来增强其心理韧性和应对能力。

4. 自我评估的偏差

大学生由于心理和思想的不成熟，常常难以准确评估自身，这种评估的偏差主要体现在两个极端。

（1）自我评估过高：过高的自我评估可能导致大学生产生自负情绪，过分估计自己的能力，对问题的看法可能带有偏激和固执的态度。这种心态在评估他人时可能过于苛责，对社会现象的观察过于简化，目标设定也可能不切实际，经常导致行动上的失败和冲突，甚至可能导致情绪受损。自我评估过高的学生常表现出强烈的自尊心和嫉妒心，嫉妒心是因自尊心过强而产生的一种有害的心态，对他人的成就或地位心生不满。

（2）自我评估过低：另一极端是自卑，即个体对自我评估过低，感到无能并失去自信，伴随自责和悲观情绪。这种心态下的大学生往往低估自己的能力和成就，夸大缺点，无法看到自身的优势，对生活持悲观态度，意志消沉，生活热情不高。具有自卑心理的学生可能展现出防御性行为，轻视他人，以及表现出虚假的优越感。

5. 学习动力不足

尽管许多大学新生对未来抱有美好的希望和展望，但大学生活与高中的显著不同往往使他们感到理想已经实现，对学习的要求随之降低。加之大学学习竞争的"隐性"特质，虽有学习愿望，但转化为实际行动的动力往往不足，常见于大学生的"多想少行"心态。许多学生更热衷于参与课外兼职或社团活动，对待正式学习态度消极。这种缺乏学习动力的心理状态不仅影响学业进展，还可能引发其他心理或行为问题。因此，高校教育活动需针对这一问题，采取多样化的教育方式，激发学生的学习动力，确保他们认识到学习是现代社会的要求，也是个人成长和发展的必需。

三、大学生的行为特点

（一）大学生行为的基本特点

大学生的行为不仅体现了普通人类行为的通性，还呈现出独特的年龄特征。他们正处在心理成熟的过渡期，同时在生活上也处于步入社会的转折点，表现出行为的双重性。

1. 自主性与盲目性

大学生正处于青春的中期，关键的自我意识发展阶段。他们经历了认知、情感及生理上的重大变化，趋向于形成独立的个性和思考方式，因此，他们的行为显示出高度的自主性和主动性。然而，由于缺乏社会经验和心理的相对不稳定性，他们在选择行为目标和方式时可能缺乏深入的思考和前瞻性，导致行为动机与效果之间可能出现脱节。这种情况一方面表现为行为的高度自主性，另一方面则可能导致行为效率低下。

2. 独立性与依赖性

大多数大学生的人生经历较为顺利，生活压力相对较小，经验不足。随着独立意识的增强，他们倾向于独立思考和行动，不喜欢他人干预。但同时，大学生也表现出较强的依赖性，如经济上依赖家庭，自理能力有待提高，心理上不够成熟，在面对重大决策时往往需要家人或老师的帮助。尽管他们的自我意识强烈，表现出明显的独立行为，但在承担个人及社会责任的能力上仍显不足，依赖性同样明显。

3. 理性与多样性

作为接受过完整中等教育的青年，大学生高度重视个人行为的社会评估，并擅长从理性角度分析个人行为。他们力求将个人动机与社会要求相结合，确保行为合情合理。然而，由于大学生的需求层次多样且动机结构不稳定，情绪易极端化，意志力相对较弱，他们的行为常表现出突发性、随机性和多变性。这种多样性的具体表现包括：兴趣变化迅速且行为彻底；易受周边环境影响，中断行为过程；行为方式多样，难以预测；心理状态不稳，一旦认知出现偏差，可能导致独行独断、不合群的行为。

4. 大学生的行为特性分析

大学生具有丰富的知识背景，思维开放且反应敏捷，他们的好奇心强烈，并且乐于接受新鲜事物。这种性格驱使他们不满足于传统，追求创新，表现出强烈的开拓精神。在实际行为上，他们愿意冒险和探索，表现出显著的开拓性。然而，由于他们在自我评估的准确性和社会实践经验上存在限制，他们的行为常带有一定的超现实性。这主要表现在：

（1）过高的自我评估与理想化的人生目标：大学生往往对自己的能力和未来有过高的期待，设定的人生目标可能过于理想化，与实际能力和社会现实有一定的脱节。

（2）高尚的动机与有限的行动能力：尽管他们的行为动机可能非常高尚，但实际的行为能力可能不足以支持这些动机，经常出现"心有余而力不足"的情况。

（3）对社会复杂性的认识不足：大学生可能对社会的复杂性和多样性理解不够，导致行为目的和实际效果之间存在偏差。

大学生行为的这种双重性是我们理解和指导大学生行为的关键。一方面，这种矛盾性可能导致他们感到焦虑和困扰；另一方面，也推动他们不断寻找解决问题的方法，调整矛盾，以实现个人的全面发展。通常，抱负越高，对自身要求越严格的人，其自我意识的矛盾也更加显著。因此，大学生管理者需要善于引导，积极利用大学生的能动性，帮助他们正确处理这些矛盾，促进行为的正向反馈，从而实现个人与社会的和谐发展。

（二）大学生行为的新特征

在改革开放和国家发展迅速的背景下，当代大学生的成长环境为他们提供了宝贵的机遇，也面临着来自转型社会和数字时代的挑战。这些特殊的社会历史条件使得大学生的行为呈现多样性、复杂性和不稳定性。值得鼓舞的是，大学生们在不断克服个性上的弱点，积极完善自我，并在历史的重大事件中展示了责任感和参与精神，体现了当代青年的活力和进取心，符合国家和民族的期望。

1. 强烈的国家意识和社会责任感

当代大学生经历了我国经济的持续增长和国际地位的提升，这使他们深刻认同中国特色社会主义的理论和实践。他们理性地选择以中国特色社会主义为信仰，对国家和民族的未来有着明确的归属感和认同感，这种认同感显著增强了他们的社会责任感。

2. 明确的成才目标和竞争意识

在市场经济体制逐步确立的今天，大学生越来越强调自主性、平等意识和竞争意识。他们有着强烈的学习动机和成才愿望，这些愿望成为推动他们职业发展的内在动力。大学生的行为由其个人需求驱动，他们在入学之初就开始为就业、升学或出国深造进行目标规划，这些目标明确地指引了他们的行为方向，并激发了强烈的自我实现欲望。

职业生涯规划逐渐成为大学生寻求自我实现的重要途径之一。随着高等教育从精英教育向大众教育的转变，职业竞争的加剧也成了促使大学生增强职业规划意识的客观因素。调查显示，大学生在选择职业时首先考虑的是该职业是否能为他们提供良好的发展前景，能否帮助他们挖掘潜能，实现个人价值。这些行为特点不仅体现了大学生对自身发展的高度关注，也反映了他们对社会变化的敏感性和适应能力，他们的行为和选择正在形塑着社会的未来。

3. 强烈的主体意识和参与意识

在改革开放和快速国家发展的背景下，当代大学生成长在一个充满机遇的时代。同时，社会转型和数字化时代的到来也对他们提出了新的挑战。在这一独特的社会历史背景下，大学生的行为表现出多样性、复杂性和不稳定性。他们在面对挑战时不断克服个性上的弱点，积极促进自身的全面发展，并在重大历史事件中显示了责任感和参与意识，体现了青春的活力和进取精神。

受市场经济和网络社会的影响，当代大学生的主体意识得到前所未有的增强。他们不仅关注外在的表现，如外表和行为，更加关注内在因素，如性格、智力和人际交往能力。在学习上，他们追求自主学习，强调知识的自我掌握；在个性上，他们力求独立，摆脱对他人的依赖和规则的束缚，并倾向于以批评和怀疑的态度评估事物。同时，他们渴望得到尊重和平等，希望在人际关系中建立良好的联系。

4. 实践能力有待提升

尽管当代大学生的价值取向变得多样化，并且更加务实，但他们在实践能力方面仍有待加强。市场经济和社会竞争的压力增强了他们对自我发展的关注，使得他们在行为选择上更加倾向于实用主义。许多大学生显示出思想上认同集体价值观，但在实际行为上表现出个人主义倾向，如在集体活动中的热情降低，归属感和凝聚力减弱。教育改革的不平衡发展也影响了他们的实践和创新能力，导致大学生必须依赖个人的努力来发展这些能力。

当代大学生的行为特点反映了他们在现代社会中的位置和挑战，显示了他们如何适应快速变化的环境并为实现个人和社会目标而努力。

5. 网络技术带来的教育挑战

网络技术已对学生产生广泛且深远的影响，且这种影响持续增长。当前互联网主要由西方文化主导，这不仅为高校思想政治理论课的教学提供了新的路径，促进了教学手段和方法的创新，也带来了严峻的挑战，这需要教育工作者高度关注和警觉。

互联网的超时空性和开放性使得信息传播不受地域和国界限制，大量的反动、迷信和色情信息迅速扩散。对于那些社会经验尚浅、思想未成熟且自制力较弱的大学生，这些信息可能产生不良影响。在网络文化交流中，西方国家占据绝对优势地位，据统计，全球网络中的英语信息占比达90%，法语为5%，而中文信息不足1%。西方国家利用这一优势大力推广他们的意识形态、价值观、文化观念及生活方式。正如某位美国学者所言："过去我们用原子弹让人害怕，现在我们用控制互联网让人们喜欢，这为传播西方价值观开辟了新的有效途径。"

网络上鱼龙混杂的信息和西方的文化宣传可能会引发大学生在思维方式、行为模式、心理健康、价值取向和意识形态上的重大变化，甚至可能导致他们丧失政治立场。面对这些挑战，如何加强对网络信息的监控与管理，积极利用网络传播先进文化和社会主义核心价值观，防止有害信息侵蚀大学生的思想，以及如何有效加强互联网上的思想政治教育阵地建设，成为新世纪思想政治理论课程建设面临的重要任务。

第二节　思想政治教育的新需求

一、人工智能时代的来临

（一）人工智能的基本概念与发展趋势

人工智能（AI）代表着机器所展示的智能行为，这些行为包括但不限于学习、推理、解决问题、感知以及语言理解等多种能力。在人工智能的众多核心技术中，机器学习、深度学习和神经网络技术尤为关键。机器学习使计算机能够无须明确编程即可学习，而深度学习则是一种特殊类型的机器学习，涉及多层神经网络，这些网络模拟人脑处理和分析数据的方式。随着计算能力的显著提高和大数据技术的快速进步，AI技术正在以前所未有的速度发展，并且正在逐步影响全球各个行业，从医疗健康、金融服务到制造业、教育和更多其他领域。

在全球范围内，人工智能的发展已进入一个加速期。主要经济体如美国、中国和欧洲都高度重视AI技术的发展潜力，视其为推动经济增长和维持国际竞争力的关键驱动力。这些国家通过提供资金支持、制定有利政策和建立研究中心来推动AI技术的研究与应用。例如，美国政府在AI研究方面的投资持续增加，旨在保持其在全球科技竞争中的领先地位。我国也在其"新一代人工智能发展计划"中明确了到2030年成为AI全球领导者的目标。

未来的趋势显示，人工智能将继续向更高级的智能化和自动化方向发展。随着技术的进步，AI的应用领域预计将进一步扩大，涵盖更广泛的经济和社会活动。这包括但不限于自动驾驶汽车、智能机器人、个性化医疗、自动化工作流程和增强的客户服务体验。AI的这些应用不仅将极大地提高生产效率，还有望解决一些最为棘手的社会挑战，例如通过精准医疗改善健康结果，或通过智能系统管理城市基础设施以提高生活质量。随着这些技术的发展和普及，AI将更深入地融入日常生活，重塑人类的工作和生活方式。

（二）人工智能对教育的影响

人工智能（AI）的发展正在根本性地转变教育的传统模式。以往的教育方式，如直接的面对面授课，现正逐步与先进的AI技术整合。例如，通过智能辅助教学系统，教育者能够为学生提供定制化的学习路径，这不仅针对学生的个别需求和学习速度进行优化，还能根据他们的学习历史和行为模式调整教学内容和难度，从而大幅提高教育的效率和个性化水平。

AI的介入也重新定义了教师的角色。在AI技术的辅助下，教师的职责从单一的知识传递者转变为学习的引导者和问题解决的协助者。这种转变意味着教师现在更多地参与到设计课程内容、监控学生进展和提供针对性支持的角色中，而非仅仅是传统意义上的讲授者。

同样，学生的学习方式也经历了显著的变化。借助 AI 技术，学生能够通过智能学习系统在任何时间、任何地点进行学习，无须受到物理课室的限制。这种自主学习方式极大地增强了学习的灵活性，使学生可以根据个人的日程安排和学习习惯来安排自己的学习时间和环境，极大地激发了他们对学习的热情和兴趣。

此外，AI 技术还使得学习内容能够更加多样化和丰富。学生可以通过虚拟现实（VR）、增强现实（AR）和其他多媒体工具来体验沉浸式学习环境，这些环境能够模拟复杂的实际场景或进行互动式学习，进一步增强学习的趣味性和实用性。这不仅改善了学习体验，还有助于学生更好地理解复杂的概念和理论。

总的来说，人工智能正在推动教育行业向更高效、更个性化、更灵活的方向发展，这对教师和学生都提出了新的机遇和挑战。随着 AI 技术的不断进步和应用，未来的教育模式将更加侧重于利用技术来满足个体学习者的具体需求。

（三）人工智能在思想政治教育中的应用

在思想政治教育领域，人工智能（AI）的应用正逐步展现出其深远的潜力和广阔的前景。AI 技术不仅能够提供个性化的学习体验，而且通过其高级数据分析能力，能够极大地提高教育的质量和效率。

首先，AI 可以根据学生的学习历史和行为模式，提供定制化的学习内容。这种智能推荐系统能够自动挑选与学生兴趣和需求最匹配的政治理论内容和实际案例，确保教学内容的相关性和实用性。这不仅使教育过程更加符合学生的个性化需求，还能提高学生的学习动力和参与度。

其次，利用 AI 的高级数据分析功能，教育者可以精确监测和分析学生的学习行为和态度的变化。这种分析可以帮助教师了解学生对特定思想政治理论的接受程度、学习深度以及可能的理解难点。基于这些洞察，教师可以及时调整教学策略，如改变教学方法、调整课程难度或提供额外的辅导，从而更有效地响应学生的学习需要。

最后，增强现实（AR）和虚拟现实（VR）技术的运用在思想政治教育中同样显示出巨大的潜力。通过模拟复杂的社会政治场景，这些技术为学生提供了沉浸式的学习体验，极大地增强了学习的互动性和现实感。学生可以在模拟环境中亲身体验历史事件、政治决策过程和社会动态，这种实践的体验有助于他们更深刻地理解课程内容，并在实际情境中培养批判性思维和解决问题的能力。

总体来看，人工智能的发展为思想政治教育领域带来了创新的教学工具和方法，极大地提高了教学的个性化和效率。然而，为了充分利用 AI 在教育中的潜力，教育者需要不断地学习和适应新技术，确保技术的应用与教育目标的一致性，并有效地整合这些工具进入教学实践中。通过这样的努力，思想政治教育可以更好地适应当代学生的需求，培养出更有见解、更具批判性和创造性的未来公民。

二、智慧校园建设的普及

（一）智慧校园的定义与构成

智慧校园代表着教育领域在技术利用上的革命性进步，它通过整合现代信息技术——包括互联网、大数据、人工智能和物联网技术——来优化教育资源配置、提高教育教学质量以及改善教育管理和服务。智慧校园的技术框架主要围绕数据的采集、存储、处理和分析构建，通过云计算平台的高度集成，实现教育资源的高效利用和信息的即时通信，确保教育活动的连续性和系统性。

在智慧校园的构建中，关键技术与设施扮演至关重要的角色。智能教室利用先进的音视频和交互技术，为学生提供动态且互动的学习环境，极大地增强了教学的吸引力和效果。数字图书馆通过数字化的收藏和高效的检索系统，为学生和教师提供快速访问大量信息和资源的能力，极大地扩展了学习和研究的边界。此外，在线学习平台使得学生能够随时随地访问课程内容和教学资源，支持自主学习和远程教育，打破了地理和时间的限制。

智能安防系统通过使用视频监控、生物识别技术和自动报警系统，保障校园的安全与秩序。智能卡系统则整合了身份认证、门禁控制、交易处理等多种功能，为校园生活提供便利和安全保障。这些技术和设施共同构成了一个高度互联互通、高效便捷的校园网络环境，为师生提供了一个全方位的学习和生活支持系统。

整体而言，智慧校园不仅改变了教育的传递方式，还通过科技的力量提升了教育质量和管理效率。这种集成化、智能化的环境促进了教育的现代化，使得教育更加个性化、灵活化，也推动了教育公平，使每一个学生都能享受到高质量的教育资源。随着技术的进一步发展和应用，智慧校园将继续在优化教学过程、提升学习效率以及改进教育系统管理方面发挥其重要作用。

（二）智慧校园对思想政治教育的促进作用

智慧校园的建设极大地推动了思想政治教育的现代化，通过高度信息化的管理与服务平台，教育资源变得更加丰富和易于获取，同时教育活动也变得更加多样化。这种信息化的环境不仅提升了教育的覆盖面和深度，还增强了学生的学习体验和教育的可访问性。例如，智慧校园内部的在线教育平台允许学生随时随地访问各种思想政治教育资源，这些资源包括但不限于讲座视频、详尽的案例研究以及互动问答环节，这些工具极大地便利了学生的学习，并且鼓励他们积极参与到学习过程中来。

此外，智慧校园通过其先进的智能分析系统，在校园文化构建和价值观传播方面也发挥了重要作用。这些系统能够分析大量数据，帮助教育者了解学生的学习习惯、偏好以及行为模式，从而使学校能够更精准地设计和传播社会主义核心价值观。通过这种方式，学校能够针对不同学生群体制定更加个性化的教育策略，有效地实施思想政治教育。这不仅提高了教育的效率和效果，也更好地满足了学生的个性化学习需求。

智慧校园还促进了一种积极向上的校园文化氛围的建设。通过不断优化和调整教育策略，学校能够创建一个支持和鼓励学生积极参与社会实践和公民责任的环境。这种环境不仅有助于学生的全面发展，也强化了他们的社会责任感和公民意识。

综上所述，智慧校园通过提供丰富的资源、先进的技术和个性化的教育策略，显著提升了思想政治教育的质量和广度。这些进步不仅使教育更加适应现代社会的需求，也为培养具有高度社会责任感和强烈公民意识的新时代学生提供了坚实的基础。

（三）智慧校园中的思想政治教育策略

在智慧校园环境中，大数据分析技术的应用变得尤为关键，它被广泛用于精准诊断学生的需求和问题。通过系统地收集和分析学生的学习习惯、行为模式以及社交活动数据，教育者能够获得深入的洞见，更准确地理解学生的政治思想状态和具体的教育需求。这种数据驱动的方法不仅提高了教育的个性化程度，还使得教育内容和干预措施更加有针对性。例如，若数据显示某个学生群体在理解特定政治理论方面存在困难，教育者可以调整教学策略，设计更适合该群体的教学方法或辅导内容。

同时，随着技术的进步，虚拟现实（VR）和增强现实（AR）技术在思想政治教育中的应用也日益增多。这些技术提供了一种新的教学工具，能够创建真实感极强的模拟社会场景。例如，通过 VR 和 AR 技术，教育者可以重现历史事件或构建模拟选举的场景，让学生在完全沉浸的环境中体验和学习。这种互动性和现场感极大地增强了教育的吸引力和效果，使学生能够直观地理解复杂的社会政治动态。

通过参与这些模拟活动，学生不仅能够获得知识的传授，更重要的是，他们能在实践中培养出批判性思维和正确的价值观。这种教育模式强调学以致用，鼓励学生将理论知识应用于实际情境中，评估不同决策的后果，从而培养他们的决策能力和道德判断力。例如，学生可以在一个模拟的政治危机中扮演决策者的角色，这要求他们不仅要理解政治理论，还要在压力之下做出道德和策略上的决定。

总之，智慧校园通过集成大数据分析和现代教育技术如 VR 和 AR，极大地提升了思想政治教育的效果和效率。这些技术的综合应用不仅增强了教学的互动性和实用性，还促进了学生在更广泛和深入的层面上的学习和成长。在这一过程中，教育者需要不断探索和适应新技术，以确保能够最大限度地利用这些工具来满足教育目标和学生的需求。总体而言，智慧校园的建设为思想政治教育提供了新的平台和工具，使得教育更加个性化、智能化和有效。通过这些高科技手段，大学思想政治教育能够更好地适应新时代的需求，培养出更多具有良好政治素质和社会责任感的学生。

三、新环境带来的需求变化

（一）当代大学生的特点与需求

当代大学生成长在一个信息爆炸和技术快速发展的时代，这种时代背景极大地塑造了他们的独特特点和需求。首先，由于知识的广泛可获取性和思想观念的多样性，大学生们展现出对独立思考和创新能力的强烈需求。他们不再满足于传统的被动学习模式，即接受教育体系机械地灌输知识。相反，他们渴望运用批判性思维来分析问题，并在此过程中寻找解决方案。这种思维方式使他们能够更深入地理解复杂的概念和现象，以及更有效地应对现实世界的挑战。

其次，这一代学生强烈追求个性化和自主学习的教育模式。随着教育技术的快速发展，诸如在线学习平台和自学应用程序的普及，使得学生能够在任何时间和地点访问教育资源，从而更好地控制自己的学习节奏和内容。这种技术的应用不仅为学生提供了根据个人兴趣和未来职业目标定制学习路径的可能，也极大地增强了学习的灵活性和有效性。学生可以选择跨学科的课程组合，探索不同领域的知识，同时，通过在线论坛和虚拟小组项目，与世界各地的同学合作和交流，进一步扩展了他们的视野和社交圈。

这种教育模式的变化反映了当代大学生对教育的新期望和需求——他们不仅仅是求知的接受者，更是积极的参与者和创造者。他们期待教育能够提供必要的工具和资源，帮助他们发展为能够独立思考、创新和解决问题的个体。这一变革促使教育者和教育机构必须重新考虑和设计教育内容和方法，以满足当代学生日益增长的需求，为他们提供真正有意义和有用的学习体验。

（二）社会变革对思想政治教育的挑战

社会的快速变革，尤其是文化的多元化和全球化进程，对思想政治教育提出了新的挑战。一方面，文化多元化要求教育系统能够适应并尊重不同文化背景的学生，同时提供具有全球视野的教育内容，帮助学生理解和尊重跨文化的差异，培养国际合作与交流的能力。另一方面，随着社会对公民责任和参与的期待提高，大学生的社会责任感与公民意识的培养也显得尤为重要。学生不仅需要了解自己的权利，更要认识到自己对社会的责任，学习如何作为一个有责任感的公民行动。

（三）应对策略与方法更新

社会的快速变革，尤其是文化的多元化和全球化进程，对思想政治教育提出了新的挑战。在这个全球互联互通的时代，文化多元化不仅增加了人们之间的交流机会，也带来了理解和沟通的难题。因此，教育系统面临着适应和尊重来自不同文化背景学生的需求，同时提供具有全球视野的教育内容的双重任务。

一方面，文化多元化要求教育者在设计课程和教学活动时，顾及多样化的学生群体。这不仅意味着包含多元文化的教学材料，更包括采用包容性强的教学方法，以促进所有学生的包容性和参与感。教育内容需要帮助学生理解和尊重跨文化的差异，同时培养他们在日益全球化的世界中进行国际合作与交流的能力。例如，通过引入国际案例研究，让学生探讨不同国家的政治制度和文化传统，或通过模拟联合国等活动，增强学生的全球意识，提升学生的外交谈判技能和水平。

另一方面，随着社会对个人公民责任和社会参与的期待提高，思想政治教育也必须重视培养学生的社会责任感和公民意识。在这方面，教育不仅要教授学生有关公民权利和责任的知识，更要引导他们认识到自己对社会的责任，并学习如何作为一个负责任的公民在社会中积极行动。这可以通过组织社会服务活动、志愿项目以及公共政策讨论等，让学生在实践中体验和反思，从而深化对这些概念的理解。

此外，思想政治教育还需要关注发展学生的批判性思维能力，使其能够在面对信息泛滥的现代社会中，区分信息的真伪，批判性地分析社会现象，做出理性的判断。这包括教授学生如何识别和评估不同的信息源，如何在多元价值观中找到自己的立场，以及如何在尊重差异的基础上进行有效沟通。

综上所述，面对文化多元化和全球化带来的挑战，思想政治教育需要不断创新和调整教育策略，以适应不断变化的社会需求，同时确保学生能够在全球舞台上以理解、尊重和责任感行事。这不仅有助于学生个人的全面发展，也对促进全球和谐具有重要意义。面对新环境带来的需求变化，思想政治教育必须不断创新和适应，以培养能够适应未来社会需要的优秀公民。

第三节 对策建议

在当今快速变化的社会环境中，大学生作为未来社会的主要力量，他们的思想政治教育显得尤为重要。这种教育不仅关乎个人的价值观和道德观的形成，也关系着社会的和谐与稳定。随着全球化和信息化的深入发展，大学生在接触广泛多元的信息和文化时，更需要坚实的思想政治教育作为指导，帮助他们正确处理信息，形成正确的世界观、人生观和价值观。

一、理解新时代大学生的特点

（一）文化多元化背景下的价值观形成

在全球化和文化交融的背景下，新时代的大学生在形成价值观的过程中面临着前所未有的多样性。这些学生不仅接触本国的传统文化和价值观，还广泛接触到来自世界各地的不同文化观念。这种文化多元化为大学生提供了更宽广的视角，帮助他们建立更为包容和全面的世界观。然而，这也带来了价值观的冲突和困惑，特别是在遇到不同文化背景下的道德和行为准则时。因此，思想政治教育需要更加注重培养学生的批判性思维能力，帮助他们在多元文化的影响下，能够独立思考和做出明智的价值判断。

（二）信息化时代下的知识获取方式

信息化时代为大学生提供了前所未有的知识获取途径。通过互联网和各种数字平台，学生可以迅速获取到大量信息和知识，不再受限于传统的教科书和教室。这种方式极大地便利了学生的学习，使他们能够自主选择学习的内容和时间。然而，信息的广泛性和即时性也带来了信息过载和判断信息真伪的挑战。在这种情况下，思想政治教育应加强信息素养的教育，教导学生如何有效地筛选和评估信息，培养他们的信息处理能力和独立学习能力。

（三）自主性和个性化需求的增强

当代大学生表现出强烈的自主性和对个性化教育的需求。他们希望教育能够适应个人的兴趣、特长和职业规划，而不是单一的、标准化的教育模式。这要求教育者在设计教学内容和方式时，需要更加灵活和创新，提供更多的选修课程和个性化的学习计划。此外，教育方法也应更加注重培养学生的自主学习能力和创新思维，而不仅仅是知识的灌输。

总之，新时代的大学生在文化多元化的背景和信息化时代中成长起来，展现出了独特的特点和需求。这对思想政治教育提出了更高的要求，需要教育者不断创新和调整教育策略，以适应这一代学生的特点和需求。

二、应对文化多元化的策略

（一）加强国际视野和跨文化交流能力的培养

在全球化日益加深的当今世界，培养大学生的国际视野和跨文化交流能力变得尤为重要。这不仅有助于学生更好地理解不同文化和国际事务，也能够使他们在未来的职业生涯中更加具有竞争力。思想政治教育应该包括国际关系、全球经济、外语学习以及国际法等内容，通过模拟联合国、国际辩论赛等活动，实际训练学生的国际沟通和协作技能。此外，鼓励学生参与国际交流项目，如学期交换、国际志愿者活动等，亲身体验不同文化，增进对多样性的理解和尊重。

（二）促进多元文化融合与尊重

多元文化的融合与尊重是现代社会的重要特征，大学生作为未来社会的建设者，应当学会在多元文化的环境中寻求共识并尊重差异。教育机构可以通过举办多元文化节、国际美食日、世界电影展等活动，使学生在日常生活中自然接触并欣赏不同文化的特色。同时，在课程设计中融入多元文化的元素，如通过比较不同国家的历史事件来讨论其文化背景和社会影响，使学生能在学习过程中增进对不同文化的了解和尊重。

（三）提供多角度、多文化背景下的政治教育资源

为了适应文化多元化的教育需求，必须提供多角度、包含多文化背景的政治教育资源。这意味着教育内容不仅要涵盖本国的政治理论和实践，还应包括其他国家和文化的政治思想，甚至国际政治经济关系的分析。这种教育资源的多样化可以通过建立全面的数字资源库来实现，其中包括电子书籍、在线讲座、案例研究、互动教学软件等，覆盖不同国家和地区的政治学习材料。通过这样的资源，学生不仅能从理论上认识到文化多样性，还能在思考和讨论中学会从多个角度分析问题，培养全球视野和批判性思维。

总之，面对文化多元化带来的挑战，大学生思想政治教育需要采取一系列有针对性的策略，以加强学生的国际视野、跨文化交流能力，促进多元文化的融合与尊重，并提供丰富多样的教育资源。通过这些策略的实施，可以有效地帮助学生在全球化的背景下发展成为具有责任感和竞争力的国际公民。

三、利用技术创新强化教育手段

（一）利用人工智能和大数据优化教育内容和方法

随着人工智能（AI）和大数据技术的不断发展，这些技术已经开始在教育领域发挥显著作用，特别是在优化教育内容和方法方面。通过 AI 的算法和大数据分析，教育

者可以更准确地分析学生的学习习惯和成绩，从而提供更为个性化的学习资源和教学支持。例如，AI可以根据学生的学习进度和理解能力自动调整课程难度，确保每个学生都能在适合自己的节奏中学习。此外，大数据可以帮助教育机构分析大规模的学习数据，以发现教学过程中的问题和挑战，进而改进教学策略和内容设计。

（二）发展在线教育平台，提供个性化学习体验

在线教育平台的发展为大学生思想政治教育提供了一个极具潜力的渠道。这些平台不仅能够提供灵活的学习时间和环境，还能通过先进的技术手段提供高度个性化的学习体验。学生可以根据自己的兴趣和需求选择课程，通过互动式的学习模块和个性化的学习路径，使学习更加符合个人的发展目标。同时，这些平台通常配备有讨论区和论坛，增加了学生之间以及师生之间的互动和交流，使思想政治教育不再局限于传统的课堂教学。

（三）引入虚拟现实和增强现实技术，提升教学互动性和现实感

虚拟现实（VR）和增强现实（AR）技术为思想政治教育提供了新的可能性。这些技术能够创建沉浸式的学习环境，使学生能够通过虚拟现实体验历史事件或者模拟社会情境，从而在几乎真实的环境中学习和探索。例如，通过VR技术，学生可以"亲临"历史上的重大事件现场，如亲眼见证宪法的签署或者重大的政治演讲，这种体验增强了学习的动态性和现实感，也能更好地激发学生的学习兴趣和参与感。AR技术则可以在现实世界中叠加信息，帮助学生更好地理解复杂的政治概念和理论。

总之，通过这些技术创新，思想政治教育可以变得更加高效、生动和个性化。利用这些先进的教育手段不仅能够提升教学质量和学习效果，也能够满足当代大学生对教育多样性和技术整合的期待。

四、加强实践教学与社会参与

（一）组织社会实践活动，增强理论与实践的结合

实践教学是思想政治教育中不可或缺的一部分，它有助于学生将理论知识与实际情况相结合，加深对学习内容的理解。通过组织各种社会实践活动，如实地考察、社

会调查和参与公共项目等，学生可以直接观察和分析社会现象，运用他们在课堂上学到的理论来解决现实问题。这种实践活动不仅能够激发学生的学习兴趣，还能提升他们解决复杂问题的能力，使他们在未来的社会生活中更加得心应手。

（二）鼓励学生参与志愿服务和社区活动，培养社会责任感

通过鼓励学生参与志愿服务和社区活动，可以有效培养他们的社会责任感和公民意识。这些活动通常包括帮助弱势群体、参与环境保护项目、社区服务等，不仅为学生提供了服务社会的机会，还让他们在实践中学习如何为社会的改善贡献自己的力量。参与这类活动能够让学生感受到自己行为的社会价值，增强他们作为社会成员的归属感和责任感，同时也促进了他们全面的个人发展。

（三）实施模拟政治活动，如模拟联合国，增进政治参与感

模拟政治活动，如模拟联合国（Model United Nations，MUN）等，是一种极为有效的教学方法，通过模拟真实的国际政治议程和讨论过程，学生可以在没有风险的环境中练习政治谈判和决策。参与这类活动不仅能让学生深入了解国际政治的运作机制，还能锻炼他们的公共演讲、批判性思维和团队合作技能。更重要的是，这些活动能够激发学生对政治参与的兴趣和热情，使他们意识到个人对社会变革可以产生的影响。

总之，通过加强实践教学和社会参与，思想政治教育可以更生动、直接地影响学生，帮助他们将学到的知识应用于实际生活中，培养他们成为有责任感和有能力的公民。这种教育方法不仅增强了教育的实效性，也为学生未来的职业生涯和社会生活打下了坚实的基础。

五、优化思想政治教育的教学环境和资源

（一）建立开放的教育讨论环境，鼓励自由表达和讨论

创建一个开放的教育讨论环境对于培养学生的批判性思维和表达能力至关重要。在这样的环境中，学生被鼓励自由地表达自己的观点和想法，并且学会倾听和尊重他人的意见。这不仅有助于建立一个充满活力的学术社区，而且促进了思想的多样性和

深入交流。教育者可以通过组织辩论赛、研讨会、讲座和小组讨论等活动，为学生提供表达和交流的平台，从而增强教学的互动性和学生的参与感。

（二）提供丰富的教育资源，包括现代与传统观念的结合

为了应对不断变化的社会需求和文化多样性，思想政治教育应融合现代与传统的教育资源。这包括从经典政治理论到当代社会科学的各种教材和多媒体资源。通过这种融合，学生能够获得全面的知识体系，更好地理解不同历史时期的政治理念及其对现代社会的影响。教育机构可以利用在线资源库、电子图书馆和互动学习平台等技术手段，提供易于访问且内容丰富的学习材料，以满足学生的学习需求和兴趣。

（三）增强教育的系统性和连续性，形成完整的教育链条

确保思想政治教育的连续性和系统性对于学生的长期学术和道德发展至关重要。这要求教育计划从学生入学到毕业都能提供一系列系统的、结构化的教学活动。教育机构应设计详细的课程发展路径，确保每个学习阶段都能在前一阶段的基础上进一步深化和拓展知识。此外，通过建立持续的评估和反馈机制，教育者能够监控学生的学习进度，及时调整教学策略以满足学生的发展需要。这种系统化的教学方法不仅有助于学生系统地掌握知识，也有助于他们理解这些知识如何在现实世界中得以应用。

通过实施这些策略，不仅能优化思想政治教育的教学环境和资源，还能更有效地满足学生的教育需求，培养他们成为具有高度社会责任感和批判性思维能力的公民。

第三章 思想政治教育的理论基础

第一节 马克思主义教育理论

马克思主义教育理论源于 19 世纪中叶,当时欧洲社会正处于资本主义快速发展的阶段,社会矛盾日益尖锐化。马克思和恩格斯通过对资本主义社会的深刻分析,发展出一套涵盖政治、经济和社会理论的体系,其中包括对教育的看法和理论。他们认为,教育是社会基础结构的一部分,其形式和内容受到社会经济基础的决定。从那时起,随着马克思主义理论的全球传播,各国学者和政治家不断发展和适应这一教育理论,以符合各自国家和社会的具体条件。

一、马克思主义教育理论的核心原则

马克思主义教育理论中的核心原则,即教育的社会性和阶级性,提供了一个深刻的视角来理解和构建教育系统。根据马克思主义的观点,教育不仅仅是知识和技能的传递过程,更重要的是,它是塑造个体社会意识的关键手段。这种理论认为,教育的根本任务是培养能够理解、参与并推动社会变革的公民。

(一)社会性原则

马克思主义教育理论强调教育不仅应符合整个社会的发展需求,特别是劳动人民的利益,而且应在教育体系中体现并促进社会公平与进步的价值观。这种教育观点提倡教育不应局限于技术技能和专业知识的简单传授,而应更广泛地包括培养学生的批判性思维能力。批判性思维是指能够系统地分析和质疑社会结构及其运作机制的能力。这种能力使学生能够深刻理解社会动态,并积极参与到社会改革和发展中去。

此外，马克思主义教育理论还强调理论与实践的结合。这意味着教育不仅仅停留在理论的传授上，而是应该鼓励学生将所学的理论知识运用到实际生活中，特别是用于解决现实世界中的具体问题。例如，通过社会实践活动，学生可以直接参与到社区服务、环境保护项目或其他社会创新项目中去，这些活动不仅能够帮助学生将学术知识与实际操作相结合，还能加深他们对社会责任的认识。

教育的这种实践导向不仅有助于学生更全面地发展个人能力，还能培养他们成为积极参与社会的公民。学生在这一过程中不仅学会了如何运用知识解决问题，还能学会如何在复杂的社会环境中作出道德和伦理的判断。这样的教育模式鼓励学生发展成为既有深厚专业知识，又有强烈社会责任感的人才，从而为社会的持续进步和公平正义作出贡献。

（二）阶级性原则

马克思主义深刻地揭示了教育系统的阶级性，指出教育不仅是知识传递的场所，更是社会阶级关系的反映。根据马克思主义的分析，教育系统往往被设计来反映并服务于统治阶级的利益，这在教育资源分配的不平等和教育机会的阶级差异中表现得尤为明显。这些不平等现象通常体现在优质教育资源主要集中在社会经济地位较高的群体手中，而较低阶层的学生则因资源匮乏而难以享受同等的教育机会。

从马克思主义的视角出发，教育不应被视为加剧社会分层的工具，而应成为促进社会平等的力量。这要求教育体系进行根本性的改革，确保教育的普及和公平，让所有人，无论其社会经济背景如何，都有机会获得高质量的教育。这种改革不仅涉及教育资源的再分配，也包括教育内容和教学方法的革新，使之更加关注普通大众，特别是劳动人民的需求和利益。

具体而言，教育内容的改革应当注重培养学生的批判性思维和社会责任感，鼓励他们对现有社会结构进行质疑和反思。教育方法上，则应采取更加开放和包容的教学策略，如合作学习和项目式学习。这些方法能够促进学生之间的互助与平等，有助于打破传统教育中的竞争与排他性。

此外，提供平等的教育机会也意味着要消除进入不同教育阶段的障碍，例如通过提供奖学金、学费减免和教育补助等措施，帮助经济条件不足的学生完成学业。这样的政策不仅有助于个人才能的发展，更是实现社会全面进步和公平的重要步骤。

通过这些综合措施，教育可以真正成为推动社会平等和正义的重要力量，帮助每一个个体实现其潜能，充分参与并贡献于社会生活。这种教育的理念和实践是马克思主义教育理论对当代教育改革的核心贡献。

二、马克思主义教育理论的基本内容

（一）教育的目的

马克思主义教育理论强调教育的根本目的在于解放个体，使之成为社会发展的积极推动者。这种观点深刻地揭示了教育与个体自由之间的内在联系。

1. 教育作为一种解放的工具

马克思主义赋予教育一个深刻的社会变革功能，将其视为实现个体解放的关键工具。在这一理论框架中，教育的目的远远超过简单的知识和技能传递，它深入启发思考、批判现有的社会结构，并激励进行社会变革的层面。马克思主义认为，真正的教育应该启发个体不仅接受现实的世界观，而是能够批判性地理解并质疑这个世界，包括其经济和社会结构的各个方面。

通过这种教育，个体将被赋予独立思考的能力，这不仅是学习事实和理论的能力，更是对这些事实和理论背后的社会意义和影响进行分析和评估的能力。这种能力的培养使得个体能够识别并挑战那些导致社会不平等和压迫的结构，进而推动社会朝向更加公正和平等的方向发展。

教育在马克思主义中的角色是双重的。它不仅是解放个体的工具，使他们能从传统束缚、社会偏见和经济压力中解脱出来，而且是促进整个社会向前进步的催化剂。通过教育，人们学会怀疑和反思，不再盲目接受既定的社会秩序，而是开始寻求改变这些秩序，以便创造一个更为公正的社会环境。这种对社会结构的深刻理解和批判是马克思主义教育理念的核心，它鼓励每一个人成为不仅能够理解世界，而且能够改变世界的主体。

2. 教育与经济基础的关系

根据马克思的理论，教育系统不仅仅是知识传递的场所，而且它构成了社会的上层建筑，与经济基础紧密相连。这种联系意味着，教育的形式和内容在很大程度上受到经济结构的影响，反映了特定历史时期的经济和社会关系。因此，教育系统既是经济结构的产物，又是维护或变革这种结构的重要手段。

从马克思主义的视角来看，教育的主要功能之一是为社会经济系统培养和准备劳动力。这包括传授必要的技术技能和知识，以使个体能够适应和满足经济发展的需求。然而，马克思主义教育理论赋予教育更深远的社会职责——通过启发思考和批判能力的培养，教育还能够培育出具有挑战现存经济和社会结构能力的人才。

马克思主义认为，真正的教育应该超越简单的职业训练，而是应该使学生意识到自己在社会生产中的角色，并激发他们对于现有社会秩序的批判性思考。这样的教育能够培养学生不仅为社会现有的经济需求服务，而且能够理解并参与到社会经济结构的改革中去，推动社会向更加公平和合理的方向发展。

因此，马克思主义教育理论强调教育的双重功能。一方面，教育通过符合经济需求的培训和教育，保证社会的经济运行和发展；另一方面，教育通过培养独立思考和批判的公民，为社会变革提供动力。这种教育理论呼吁教育不只是适应社会，更应成为改变社会的力量，促进整个社会结构的转型与进步。

（二）教育的本质

马克思主义教育理论进一步深入探讨了教育的本质，揭示了教育与社会发展和阶级结构之间的复杂关系。教育在马克思主义理论中被视为社会结构的一个关键组成部分，它不仅深刻地反映了社会的发展状态，还在推动社会进步和变革中扮演着至关重要的角色。从这一理论视角出发，教育的目的远超过传授基础知识和职业技能，它应该积极支持社会的整体发展，包括科技进步和文化繁荣。

教育应当促进创新和科技的发展，通过整合科学教育和研究，激发学生的创新精神和科技创造能力。这不仅有助于推动科技前沿的拓展，也能为经济发展提供持续的动力。同时，教育应致力于文化的保存与传承，通过文学、艺术、历史和哲学等领域的深入教学，培养学生的文化素养和审美能力，从而促进文化的多样性和繁荣。

更重要的是，马克思主义强调教育在对抗社会不平等和不公正现象中的作用。教育应成为消除社会阶级差异和不平等的工具，通过提供平等的教育机会，帮助不同背景的个体获得向上流动的可能。教育制度的设计和实施应该旨在打破经济和社会壁垒，确保所有人，无论其出身和经济条件，都有机会接受优质教育。

此外，教育的发展和改革需要与社会经济发展的目标相协调。这意味着教育制度不仅要适应当前的社会需求，更应具有前瞻性，能够预见未来的挑战和需求。这包括对技术变革的响应，如数字化和自动化的趋势，以及全球化带来的新要求，如全球公民意识的培养和国际合作能力的提升。

通过这样全面而深入的教育视角，马克思主义不仅为当前教育实践提供了批判和反思，也为未来教育的方向和内容提供了指导，强调教育应致力于构建一个更加公正、平等和繁荣的社会。

总结来说，马克思主义教育理论提供了一个全面理解教育的目的、本质及其在社会结构中角色的框架，强调教育不仅是知识传递的场所，更是社会公正和个体解放的重要途径。

三、马克思主义教育理论的实践应用

（一）教育与生产劳动的结合

马克思主义教育理论强调理论知识与实际应用的紧密结合，特别是将教育与生产劳动相结合。这种结合不仅有助于学生更好地理解所学知识的实际意义和应用，还能增强他们的实践能力和创新思维。

1. 理论与实践的结合

在教育过程中，将理论学习与实践活动有效结合是极为关键的。这种结合不仅仅是教育的一个方面，而是提升教育效果的重要手段，特别是在应用科学和技术学科中更必不可少。通过将课堂理论与实际操作相结合，学生能够更全面地理解知识，看到理论在实际中的应用，并通过这种应用来深化他们的理解。

具体来说，实验、项目作业和实习等教学形式为学生提供了将理论知识应用于真实世界情境的机会。例如，科学实验不仅帮助学生验证课本中的理论，还激发他们的探索精神和创新意识。通过亲手操作和观察实验结果，学生能够直观地看到抽象理论的具体表现，这种体验是单纯理论学习所无法比拟的。

项目作业则通常要求学生应用多方面的知识来解决一个较为复杂的问题。这种方式强调跨学科的知识整合和实际应用，使学生必须使用批判性思维和创造性思维来找出解决方案。同时，项目作业也鼓励团队合作，提升学生之间的协作能力。

实习经验更是将理论与实践的结合推向了一个新的层次。在实习中，学生置身于真实的工作环境，不仅可以将自己的理论知识用于实际工作，还能从中学习到课堂外的职业技能和工作态度。这种经历对学生未来的职业发展具有深远的影响，能够显著提高他们的就业竞争力。

总之，通过将理论学习与实践活动结合，教育过程不仅更加贴近实际，也更能激发学生的学习兴趣和创新潜能。这种教育模式有助于培养学生的综合能力，使他们在未来的学习或职业生涯中能更好地解决问题和创造价值。

2. 学校教育与生产实践的结合

将学校教育与生产实践紧密结合是实现教育与社会需求对接的重要策略。这种结合通常涉及教育系统与本地企业、工业界的合作，旨在为学生提供实际工作环境中的实习和培训机会。通过这种合作，学生不仅能够将在课堂上学到的理论知识应用到真实的工作场景中，还能从中获得对行业流程、职业标准和工作文化的深刻理解。通过与企业合作，教育机构可以直接了解行业的最新需求和技术动态，从而及时调整课程设置和教学内容，使之更符合市场的实际需要。这样的教育更具针对性和前瞻性，能够极大地提高学生的就业率。实习和培训机会使教育内容不再局限于书本知识，而是扩展到实际技能的培养。这种实用性的提升有助于学生毕业后能够迅速适应工作环境，减少企业在新员工培训上的时间和成本投入。

(二) 全球化背景下的教育公平

在全球化的大背景下，教育公平成为国际关注的焦点。马克思主义教育理论指出，努力消除教育资源分配的不平等是实现教育公平的关键。

1. 解决教育资源不均问题

解决教育资源分配不均的问题是实现教育公平的关键步骤。这一挑战要求政府与社会各界携手合作，通过一系列立法和政策调整，确保每个孩子——无论他们来自何种社会经济背景——都能接受到同等质量的教育。这种努力涉及多个层面，包括资金分配、教育资源的优化配置和教育技术的普及。

首先，政府需通过立法确保教育投资的公平性，特别是针对那些位于偏远地区和贫困区域的学校。这可能包括增加对这些地区学校的直接资金支持，以改善其基础设施、教学设备和招聘更多或更有资质的教师。此外，政府可以提供特别的教育补助，用于购买教学材料、科学实验设备和图书资源，这些都是提高教育质量的关键因素。

其次，现代教育工具的支持对于缩小教育资源差距同样至关重要。通过提供互联网接入和数字学习工具，偏远或资源不足的学校能够利用在线资源和虚拟教室，使学生能够接触到更广泛的教育资源。例如，通过视频教学和在线课程，学生可以从全国乃至全球的顶尖教师那里学习，这一点对于学科知识的深化和视野的拓宽尤为重要。

此外，政府和私营部门可以合作开发适用于教育的技术解决方案，如学习管理系统（LMS）、互动软件和定制的教育应用程序，这些工具可以极大地增强学习体验并提供个性化的学习路径。这种技术的应用不仅增强了教育的可及性，也增强了其包容性和效果。

综上所述，通过这些综合措施，可以有效解决教育资源不均的问题，从而推动教育公平的实现。这不仅有助于每个孩子实现其潜能，也为社会的整体进步和繁荣打下坚实的基础。

2. 提高教育质量和可及性

提高教育质量和可及性是实现教育公平和提升国家竞争力的关键因素。为此，必须不断优化和更新教育体系，确保它既开放又包容，能够满足各种背景学生的需求。在这个过程中，利用现代技术，特别是在线教育资源和远程教学技术，扮演着至关重要的角色。

（1）在线教育资源的扩展

采用在线教育资源意味着可以通过互联网提供高质量的教学内容，包括视频讲座、互动课程和电子教科书等。这些资源使得学生不受地理位置的限制，可以随时随地访问最新的教学材料和先进的学术研究。例如，顶级大学如麻省理工学院和斯坦福大学提供的公开课程（MOOCs）允许全球学生免费或以极低成本访问其课程，这极大地增强了教育的可及性和资源的均衡性。

（2）远程教学技术的开发

远程教学技术的开发进一步拓宽了教育的边界，即使居住在偏远地区的学生也能享受与城市学生同等的教育机会。通过视频会议软件、虚拟教室和在线协作工具，教师能够与学生进行实时交流，实施个性化教学，及时解答学生疑问，调整教学策略以适应学生的学习进度和风格。此外，这些技术还支持创建虚拟实验室和模拟环境，学生可以在安全的虚拟环境中进行实验操作和技能练习，这在医学、工程学和自然科学等领域尤为重要。

（3）教育体系的持续优化

为了真正实现教育的高质量和广泛可及性，还需要对教育体系进行持续的优化和改进。这包括改革教育政策，确保教育资源的公平分配；提升教师的职业发展和教学技能；更新教育评估和监测系统，以反映更加全面和公正的教育成果。此外，鼓励社区和家庭参与教育过程，强化学校与社区的联系，也是提升教育质量的有效途径。

总之，通过综合利用在线教育资源、远程教学技术和持续的教育体系优化，可以有效提高教育的质量和可及性，确保每个学生都能获得优质教育，从而为个人发展和社会进步打下坚实基础。

第二节　中国特色社会主义教育理论

党的十八大以来，以习近平同志为核心的党中央从人类发展的全球视角和新时代中国特色社会主义建设的需求出发，提出了新时代中国特色社会主义思想。这一思想是中国特色社会主义理论体系的重要组成部分，成为全党和全国人民实现中华民族伟大复兴目标的行动指南。党的十九大强调，全党必须深入理解新时代中国特色社会主义思想的核心要义和丰富内涵，并在所有工作中全面而准确地加以执行。

一、新时代中国特色社会主义教育理论的内涵

新时代这一政治概念，标志着党的十八大以来我国社会发展进入的历史新阶段。在这个阶段，新时代中国特色社会主义展示了新的特点、面临新的任务，并实现了新的发展。中国特色社会主义教育理论，区别于西方的资本主义教育思想，是根植于我国社会主义传统的教育理论。因此，新时代中国特色社会主义教育理论是一个既诞生于新时代又融合中国特色、中国元素以及社会主义本质的教育理论。

关键的问题是，谁是中国特色社会主义教育理论的代表？这个角色不是由个别学者来担任，而是由党和国家来扮演。这意味着，中国特色社会主义教育理论并不仅仅

是一套普通的教育理论，而是代表着当代中国教育的国家意志与人民意志，它指导着我国教育的发展方向，并且往往通过教育的政策和法规得以实施。这套理论包括改革开放以来党和国家关于教育的思想、方向，提供了对我国如何以及应当如何发展教育的根本性问题的答案。

在这里，教育理论这一关键词也需要被理解。通常来说，所有关于教育的理性认识都可以被称为教育理论，这包括宏观与微观的认识。但是，作为党和国家对教育问题的认识，主要是宏观的、方向性的。因此，中国特色社会主义教育理论是对教育发展过程中一些基本问题的宏观和理论认识。教育理论是对教育实践的抽象和概括，其核心是思想。

与之密切相关的是具有中国特色的教育学。教育学是教育理论的学科化表达，它根据学科特性对教育理论进行系统的组织。具有中国特色的教育学是中国特色社会主义教育理论在学科领域的表现。理论是内容的精髓，而学科则为这些理论提供了形式化的框架。中国特色社会主义教育理论主要围绕实际问题构建思想体系，而具有中国特色的教育学则基于基本概念建立学科体系。

新时代中国特色社会主义教育理论融合了新时代背景、中国特色社会主义的属性和教育理论的核心，构成了一个多层面的理论体系。其中，"新时代"定义了时间背景，"中国特色社会主义"指明了理论的性质要求，"教育理论"则是这一理论的核心组成部分。这种教育理论涵盖了教育的存在意义、智慧层面、意义层面以及基本原理，对教育进行全面的把握。

新时代中国特色社会主义教育理论反映了党和国家在教育改革和发展问题上的理论判断和主张，形成了一套完整的理论体系。这一教育理论具备多种特性：政治性、战略性、时代性、传承性、理论性和行动性。

（1）政治性。作为习近平新时代中国特色社会主义思想的一部分，新时代中国特色社会主义教育理论体现了党在教育领域的指导思想，明确了教育事业的政治方向。

（2）战略性。这一理论提供了中国共产党对教育的基本问题——"为谁办教育、办什么教育、怎么办教育、谁来办教育"——的答案，指明了中国教育发展的方向和路径。

（3）时代性。新时代中国特色社会主义教育理论是马克思主义教育理论本土化在新时代的表现，反映了新时代中国社会发展的特定需求。

（4）传承性。它以马克思主义教育思想为基础，继承并发展了毛泽东的教育思想和中国特色社会主义教育理论，体现了理论的历史连续性和创新性。

（5）理论性。这一教育理论基于党的教育方针政策制定，不仅是政策的汇编，更是对这些政策背后理论的深入思考和阐释。

（6）行动性。与传统以知识增长为目的的理论不同，新时代中国特色社会主义教育理论指导实际行动，是推动我国教育改革实践的行动指南。

综上所述，新时代中国特色社会主义教育理论是一个全面、多维的理论体系，它不仅解答了教育的基本问题，也指导了教育的具体实践，为我国教育的发展提供了理论基础和行动指导。

二、构建新时代中国特色社会主义教育理论的依据

在构建新时代中国特色社会主义教育理论时，我们必须"坚持将马克思主义基本原理与我国的具体实际相结合，同时与中华优秀传统文化相结合"。这一过程中，应以新时代马克思主义中国化的最新成果为指引，总结中国特色社会主义教育的实践经验，融合中华优秀传统文化及全球先进的教育理念，以探索和阐明中国特色社会主义教育的基本原则。

首先，必须以习近平新时代中国特色社会主义思想为指导，体现习近平总书记对教育的重要论述及其新要求。马克思主义自引入我国以来，它与中国革命的结合孕育了新民主主义理论；新中国成立后，它与中国社会主义建设的结合进一步演化为毛泽东思想；改革开放以来，它与中国特色社会主义实践的结合又形成了邓小平理论、"三个代表"重要思想和科学发展观。随着社会主义进入新时代，党结合实现"两个一百年"奋斗目标和中华民族伟大复兴的中国梦，形成了习近平新时代中国特色社会主义思想。

习近平新时代中国特色社会主义思想是新时代中国特色社会主义教育理论的顶层设计，为教育理论的构建提供了根本指导。这套教育理论是习近平新时代中国特色社会主义思想在教育领域的具体应用与体现，必须反映习近平总书记关于教育的新思想、新观点和新理念。

习近平总书记在新时代的背景下，基于我国教育的实际情况，继承并发展了中国特色社会主义教育思想，对新时代中国特色社会主义教育的目标、本质和方法等一系

列问题提出了重要见解。在全国教育大会上的讲话中，习近平总书记提出了新时代中国特色社会主义教育的"九个坚持"，这些坚持构成了习近平总书记关于教育的科学体系，成为新时代中国特色社会主义教育理论的核心内容。

这"九个坚持"包括"坚持党对教育事业的全面领导，坚持立德树人作为教育的根本任务，坚持教育事业的优先发展，坚持社会主义教育方向，坚持扎根我国大地进行教育，坚持以人民为中心的教育发展，坚持深化教育改革和创新，坚持将服务中华民族伟大复兴视为教育的重要使命，以及坚持将教师队伍建设视为基础性工作"。这些"坚持"深化了对中国特色社会主义教育发展规律的认识，并为新时代中国特色社会主义教育的发展提供了明确的行动指南。

第二，教育实践的深化与理想的明确是总结中国特色社会主义教育规律的关键。中国特色社会主义教育理论源于实践，并指导实践。从实践出发，我们需要对中国特色社会主义教育事业的发展进行深入总结，提炼发展经验，探索其教育规律。

教育是社会结构的一部分，具有明显的社会性和阶级性。由于社会制度的差异，我国的教育体系在性质、价值取向和发展模式上与西方教育体系存在本质的不同。这种区别并不是对教育规律性的否定，教育的阶级性恰恰体现了其规律性。这提示我们，中国特色社会主义教育理论应该立足我国实际，不能简单模仿西方，而应总结我国的教育实践经验，尤其是社会主义教育改革和发展的成功经验。"九个坚持"便是对这些经验的精练和概括。例如，坚持以人民为中心发展教育，这体现了中国共产党全心全意为人民服务的宗旨，强调教育是民生的基础，其发展成果应由人民共享，以促进社会公平。再如，坚持社会主义办学方向，这突出了中国特色社会主义教育的本质。我们的教育是社会主义教育，必须坚持社会主义的办学方向，坚持党对教育的全面领导，坚持教育服务于人民，服务于中国共产党的治国理政，服务于巩固和发展我国特色社会主义制度，服务于改革开放和社会主义现代化建设。我们的根本任务是培养社会主义建设者和接班人，即培养一代又一代的人才，他们将拥护中国共产党的领导和我国的社会主义制度，并立志为中国特色社会主义的发展奋斗终生。

即使在教育发展的普遍问题上，由于不同国家的文化传统和社会发展面临的挑战不同，解决方案和道路也各有不同。现代化是全球各国的共同目标，但关于如何实现现代化，习近平总书记提出了"中国式现代化"的概念。在教育领域，现代化的核心在于促进个体的现代性成长。现代性虽源于西方，具有明显的主体性和理性特征，西方的现代化发展强调启发个人理性和主体性，但其现代性发展至今已显示出某些危机。我国作为后发国家，在追求现代化的过程中，融合了本土的社会本位和集体主义观念，力图走出一条既提升个体现代性、又能超越其固有危机的教育现代化道路。

从经验中汲取教训是理解中国特色社会主义教育规律的基础，但随着社会和教育的发展，我们面对的新问题无法完全依赖过去的经验解决。我们必须根据新出现的问题寻找新的方法，创造新的理论。例如，在教育目标的设定上，我国一直以马克思主义全面发展的理论为基础，随着时代的变迁，这一学说已经从"德育、智育、体育均衡发展"，发展到"德智体美全面发展"，再到新时代的"德智体美劳全面发展"。这一变化不仅反映了马克思主义全面发展人的一般规律，也体现了不同历史阶段对社会发展的需求。

针对当前青少年中出现的劳动观念淡薄等问题，党及时将劳动教育纳入全面发展教育体系，强调在大中小学推广劳动教育，弘扬劳动精神，教育引导学生认识到劳动的重要性和荣耀。这一做法是理论与实践相结合的典范，也显示了没有任何一个理论是完美无缺的，理论的发展动力在于解决实践中的问题。中国特色社会主义教育理论紧密结合我国的教育实践，在实践中验证和发展理论，实现理论与实践的双向促进。

第三，我们必须继承和弘扬中华优秀传统文化，同时吸纳全人类教育文明发展的优秀成果。文化是民族的根基，是民族安身立命的核心。习近平总书记将中华优秀传统文化视为"中华民族的基因""民族文化血脉"和"中华民族的精神命脉"。中华优秀传统文化不仅塑造了个人的价值观和思维方式，也深刻影响了整个民族的思维模式和认知框架。因此，中国特色社会主义教育理论深植于我国的教育传统之中，继续着文化的连续性，保持教育的生命力。

我国的传统教育文化丰富多彩，例如重视教育的价值观、为国为民的教育目标、"有教无类"的包容性教育理念、德育为先的教育思想、因材施教的原则、学思结合的教学方法和师生互学的关系等。这些教育传统，在新时代被创造性地转化并融入现代教育价值观中。例如，"重视教育"的价值观演变为"百年大计，教育为本"和"党之大计、国之大计"，儒家的"修身齐家治国平天下"转化为"培养担当民族复兴大任的时代新人"，"有教无类"的理念则转化为坚持教育的人民立场，提供让人民满意的教育。

中华优秀传统文化和教育传统是中国特色社会主义教育理论成长的深厚根基。只有根深才能叶茂，教育理论的发展亦是如此。以中华优秀传统文化为基础，不仅展现了我国教育理论的文化自信，也强调了在全球文化交流中的开放性和包容性。文化自信并非文化自负，我们需处理好中西文化的关系，反对盲目崇拜和保守主义，坚持马克思主义的立场和方法，正确处理传统与创新、本土与外来的关系，促进中华文化的创造性转化和创新性发展。中国特色社会主义教育理论，旨在反映中国特色的同时，吸收世界各地的先进教育理念和经验，以丰富和强化本土教育理论。

第四，研究教育的内在规律并揭示教育在当代中国的本质和原理是至关重要的。中国特色社会主义教育理论的核心在于揭示教育的自身规律。通常，教育规律主要涉及两个方面：一是教育与社会的关系，二是教育与个人发展的关系。前者视教育为一种社会现象和子系统，后者则关注教育在个体培养方面的作用。

教育作为社会系统，受到特定的社会政治和经济条件的影响。教育无法脱离社会存在，尤其在现代社会，教育常常受到国家的直接指导，不能偏离国家的要求。中国特色社会主义教育理论体现了党和国家的意志。虽然教育受到政治和经济的影响，但它仍保持相对的独立性，与政治、经济领域并行不悖。这意味着我们不能简单地将教育与政治、经济等同，或完全用政治、经济的逻辑来管理教育，从而忽视教育的特有属性。教育在服务政治和经济的同时，通过培养符合政治和经济发展需求的人才，实现其社会功能。

教育的根本目的在于培养人才。对于人的本质的理解，现代西方资产阶级教育家往往将其抽象化，视为静态和终极的。马克思主义批判这一抽象化视角，认为人的本质是其社会关系的总和。人的社会性是其基本属性。毛泽东批评以往的唯物论忽视了人的社会性和历史发展，未能充分理解认识活动与社会实践、生产和阶级斗争之间的依赖关系。人是在社会中成长的，社会环境塑造了人的发展。因此，教育必须培养能够服务社会的人才，而不是抽象地发展人性。自中华人民共和国成立以来，我们根据不同社会发展阶段的需求，提出了培养具有社会主义觉悟的劳动者，具有理想、道德、文化和纪律的社会主义新人，社会主义建设者和接班人，以及担当民族复兴大任的时代新人等教育目标，强调将个体发展融入社会、国家、民族的发展中，因为"人的世界即是国家、社会"。只有当人融入社会时，才能真正实现其本质和价值。

三、新时代中国特色社会主义教育理论的定位

第一，新时代中国特色社会主义教育理论的定位关键在于明确其理论价值和理论地位。研究表明，这种教育理论是中国特色社会主义理论体系的重要组成部分，代表了马克思主义教育思想在我国的具体应用和发展，继承并发展了毛泽东的教育思想，是我国教育现代化进程中的科学总结，也是当代我国教育科学的核心内容，形成了一个不断进化的开放体系。这种理论对于新时代中国特色社会主义教育理论同样适用。

首先，新时代中国特色社会主义教育理论是习近平新时代中国特色社会主义思想的一个重要部分。党的十九大提出了中国特色社会主义进入新时代的重大论断，并解答了在新时代如何坚持和发展中国特色社会主义的重大问题，形成了习近平新时代中国特色社会主义思想，这包括"八个明确"和"十四个坚持"。教育理论作为社会主义理论体系的一部分，应充分体现习近平新时代中国特色社会主义思想的要求，努力构建符合新时代特征的中国特色社会主义教育理论体系，并确保这一理论体系在教育实践中的有效实施，以促进中国特色社会主义教育体系的全面发展。

新时代中国特色社会主义教育理论的任务是明确在新时代如何发展符合中国特色的社会主义教育，包括教育的性质、目标、任务、发展方向、动力、战略和方法。基于"八个明确"和"十四个坚持"，新时代的教育目标应坚持马克思主义的指导原则，坚定社会主义办学方向，确保党对教育工作的全面领导，着重立德树人，努力构建具有我国特色、达到世界水平的现代教育体系，培养全面发展的社会主义建设者和未来接班人。

尽管"八个明确"和"十四个坚持"中没有直接提及教育，教育作为基础在实现这些理论和政策目标中仍扮演着关键角色。例如，"坚持以人民为中心的发展思想"中，教育是推动人的全面发展和社会整体进步的关键；在"坚定四个自信"中，教育通过培育学生的自信和对国家认同来巩固这一目标。教育在这些领域中的作用是多方面的，包括通过法治教育提升法律意识，通过社会主义核心价值观教育和生态文明教育培养学生的价值观和生态意识。总之，教育是推动新时代"八个明确"和"十四个坚持"得以实现的关键力量。

　　第二，新时代中国特色社会主义教育理论是毛泽东教育思想和中国特色社会主义教育理论的继承和发展，也是马克思主义教育理论在我国具体实践中的最新成果。我国的教育理论和实践始终以马克思主义为指导，该理论不仅提供了全面的世界观和方法论，还涵盖了关于教育的深刻见解，构成了一套完整的马克思主义教育理论体系，从而为中国的社会主义教育提供了坚实的理论支撑。例如，马克思主义强调教育的社会功能和阶级性，主张教育应为无产阶级利益服务，并视教育为潜在劳动力转化为现实劳动力的关键途径。

　　从中国共产党成立之初，毛泽东便将马克思主义的基本原则与中国的革命和建设实践紧密结合，创立了包含丰富教育思想的毛泽东思想。毛泽东的教育观点涵盖了教育的本质、目的和策略，从教育性质和价值到具体的教育实践如学生发展和考试改革等各个层面。毛泽东强调教育的社会性和政治性，提出教育必须服务于无产阶级的政治目标，并与生产劳动相结合，促进学生在德智体等多方面全面发展。他特别关注学生的健康和全面发展，提倡教育应尊重学生的主体地位，并倡导生动活泼的教育方法。

　　毛泽东的教育思想不仅在新民主主义革命和社会主义建设的特定历史阶段中形成，而且奠定了中国特色社会主义教育思想的基调。这些教育理念在新时代得到了继承和发展，形成了适应当代中国社会主义建设需要的新时代中国特色社会主义教育理论，为当代中国教育现代化建设提供了科学指导和理论支撑。

　　自改革开放以来，中国共产党带领人民坚持马克思主义、毛泽东思想的原则，致力于改革开放和创新发展，逐步走出了一条具有中国特色的社会主义道路。在此过程中，中国特色社会主义理论体系得以形成，其中包括教育领域的理论体系。中国特色社会主义教育理论体系是在邓小平理论、"三个代表"重要思想、科学发展观的指导下，结合中国特色社会主义的实际建设发展，总结国内外教育实践的经验而形成的。

　　在不同的发展阶段，中国特色社会主义教育理论呈现出独特的教育思想主题。邓小平强调教育应面向现代化、面向世界、面向未来，并提出培育具有社会主义现代化建设精神的"四有新人"，即有理想、有道德、有文化、有纪律的人。江泽民提出"科教兴国"战略，推动全面实施素质教育，并强调教育应与社会实践相结合，同时重视美育的发展。胡锦涛提出教育发展的"三个优先"，即优先发展教育事业，优先保障教育投入，优先改善教育条件，同时强调"育人为本、德育为先"，培育和践行社会主义核心价值观。

这些不同阶段的教育思想虽然突出了各自时代的主题并解决了当时的教育问题，但在"培养什么人、怎样培养人、为谁培养人"这些根本问题上显示了中国特色社会主义教育理论的一致性和继承性。

在各个历史时期，无论是新民主主义革命、社会主义建设还是中国特色社会主义建设，中国共产党始终坚持以马克思主义为指导，将马克思主义基本原理与中国的实际相结合，逐步形成了毛泽东思想、中国特色社会主义理论体系以及习近平新时代中国特色社会主义思想。习近平新时代中国特色社会主义思想是马克思主义中国化的最新成果，标志着中国特色社会主义教育理论的新发展、新境界。

新时代中国特色社会主义教育理论是习近平新时代中国特色社会主义思想的重要组成部分，通过"九个坚持"的提出，明确了新时代中国特色社会主义教育的性质、发展方向、战略和方式，为中国特色社会主义教育事业的未来发展提供了强有力的指导和动力。

第三，新时代中国特色社会主义教育理论的定位体现了其理论价值和地位。研究表明，这一教育理论是中国特色社会主义理论体系的关键组成部分，代表了马克思主义教育思想在我国的具体应用和发展，是中国教育现代化实践的科学总结，也是中国当代教育科学的核心。这一理论体系是基于改革开放后社会发展的需求，总结了中国教育实践的经验，形成了具有普遍意义的关于中国教育改革和发展的系统认识。

新时代中国特色社会主义教育理论是习近平新时代中国特色社会主义思想的重要组成部分。党的十九大提出中国特色社会主义进入新时代的重大判断，并回答了如何坚持和发展中国特色社会主义的重大时代课题，形成了习近平新时代中国特色社会主义思想。这包括"八个明确"和"十四个坚持"，这些理论成果是新时代党和国家治国理政的基础。在教育领域，这意味着教育理论和实践必须体现习近平新时代中国特色社会主义思想的要求，构建符合新时代的教育理论体系。教育理论应推动理论在教育实践中的应用，全面构建新时代的教育体系，明确教育的性质、目标、任务、发展方向和战略。根据"八个明确"和"十四个坚持"，新时代教育的任务是坚持马克思主义指导，强调社会主义办学方向，加强党对教育的全面领导，坚持立德树人的基本任务，以培养德智体美劳全面发展的社会主义建设者和接班人为目标。

在"培养什么人"的问题上，我国教育已经从单一的"德智体"教育模式，转向"德智体美劳"的全面发展模式，确保学生的发展更为全面和均衡。在"怎么培养人"方面，我国从应试教育过渡到素质教育，不断深化素质教育的实施，强调提升学生的社会责任感、创新精神和实践能力。新时代进一步推动了"五育并举"和"五育融合"，构筑了涵盖德、智、体、美、劳的教育体系，旨在培养具有社会主义建设能力和担当民族复兴大任的新时代青年。

关于"为谁培养人"，从早期的"教育为无产阶级政治服务"，转变为"教育为社会主义现代化建设服务，为人民服务"，并在新时代进一步明确为"四为服务"。这些变革体现了新时代中国特色社会主义教育理论对教育基本问题的深入理解，展现了理论的新高度和新境界。

新时代中国特色社会主义教育理论，是对当前教育问题的系统回应，为教育的进步提供了明确的指导。重要概念如立德树人、劳动教育、五育并举等，都是新时代教育发展的指导方针。为了实施这些思想，已经发布了多项关于教育改革的指导意见，旨在改进课程和评估系统，确保教育更加注重育人本质。

此外，新时代中国特色社会主义教育理论是一种科学、开放和不断创新发展的理论。它为中国特色教育学体系提供了理论基础，旨在反映党和国家的意志。这一理论不应简单成为领导人语录或政策汇编的集合，以避免重复"文化大革命"期间的错误。作为一个经过实践检验的科学理论体系，它展现了科学性、开放性和创新性。这一点对于新时代的教育理论同样适用，确保理论的活力和适应性。

新时代中国特色社会主义教育理论体现了科学性的三个重要方面。首先，它以马克思主义为理论基础，结合新时代中国的实际情况，是马克思主义教育理论在中国的具体应用和发展。例如，"德智体美劳全面发展"体现了马克思主义关于人的全面发展的理念；"教育与生产劳动、社会实践相结合"延伸了马克思主义中教育与生产劳动相结合的思想；"教育为人民服务""办人民满意的教育"则是马克思主义"为无产阶级服务"原则的现代体现。其次，这一教育理论是基于中国特色社会主义实际发展中的教育实践而形成的科学成果。自改革开放以来，中国的教育实践经历了深刻变革，特别是《中共中央关于教育体制改革的决定》之后，教育理念和政策有了重大更新，例如强调教育的优先发展、素质教育、教育现代化和治理。40 年的教育实践已证明这些新思想和观点的正确性。最后，新时代中国特色社会主义教育理论遵循教育科学的基本规律。从社会发展的视角看，这一理论认识到教育在新时代社会主义建设中的重要角色，并提出将教育视为"推动党和国家各项事业发展的重要先手棋"，这反映了教育与社会发展的内在联系。从个人发展的角度看，将立德树人确定为教育的根本任务，突出了教育的人本目的，强调教育应全面促进个人的道德、智力、体质、美感和劳动能力发展。在教育活动方面，提出以立德树人为中心，完善立德树人的实施机制，推动全员育人、全程育人、全方位育人的教育体系，这些都体现了教育教学活动的基本规律。

新时代中国特色社会主义教育理论展示了其开放性。这一理论不是孤立的，而是在吸纳多方意见和研究成果的基础上形成的，确保了其不仅是党和国家领导人讲话及方针政策的体现，还融入了广泛的教育工作者的智慧和努力，使之成为真正属于人民的教育理论。此外，虽然是中国特色的教育理论，它也不排斥其他国家的教育思想和实践，而是倡导开放性，鼓励从全球教育发展的有益成果中汲取养分，这体现了21世纪文明互鉴的趋势。

此外，新时代中国特色社会主义教育理论是一个不断发展和创新的理论。习近平总书记曾指出，马克思主义是一个随实践和科学发展而进步的开放理论体系，这一理论并未封闭真理，而是为探寻真理开辟了道路。因此，这一教育理论不是静止不变的教条，而是不断适应时代变革的动态体系。它的发展驱动力来自解决实际问题的需求，这要求教育工作者聆听时代声音，解决紧迫问题，从而推动理论的持续创新和进步。

这一教育理论还为构建一个具有中国特色的教育学体系提供了思想基础。作为学术思想的核心，新时代中国特色社会主义教育理论定义了教育学研究的方向和内容，确保教育学的发展与社会主义教育理论保持一致。这种教育学不仅是中国的，也要反映中国的立场、智慧和价值，构建一个符合中国特色的教育学话语体系。总之，新时代中国特色社会主义教育理论是一个持续开放和自我刷新的理论体系，它不断地吸纳时代和实践的新成果，推动中国特色社会主义教育理论向更高的发展水平迈进，提供了行动的指南和思想的引领。

第三节 当代心理学在思想政治教育中的应用

一、心理学概念和基本原理

心理学是一门专注于人类行为和心理过程的科学，涵盖个体的思考、情感、意识和行为及其与外界环境的互动。通过观察、实验和统计分析等科学方法，心理学探求人类心理活动的规律和机制。在高校思想政治教育中，心理学的理念和原理对理解和引导学生的心理具有关键作用。

认知是心理学的一个核心概念，涉及人类获取、处理和应用信息的过程。认知心理学专注于人的感知、注意力、记忆、思维和语言等能力。在高校思想政治教育中，学生通过认知过程理解和思考所学的理论知识，将其转化为个人的理解和思维方式。情感是心理学的另一个重要领域，涉及人类情绪的产生、表达和调节。在教育场景中，学生可能会经历焦虑、压力和挫折等各种情绪，有效地理解和管理这些情绪对学生的心理健康和学习成效至关重要。

人格描述了个体在其发展过程中形成的稳定的心理特征和行为模式。人格心理学研究人的人格特质和人际关系等。在高校思想政治教育中，认识到学生的个性差异和人格特征可以显著影响他们的学习和成长。了解这些特征后，教育工作者能够进行更有针对性的指导和辅导。

心理学还探讨了动机、行为、学习、发展等多个重要领域，这些理论和原理为高校思想政治教育提供了理论依据和指导。例如，动机理论可以帮助教育者理解学生的学习动力和需求，从而设计有效激发学习兴趣和提升学习效果的活动。

综上所述，心理学的关键概念和原理为高校思想政治教育工作提供了坚实的理论基础。运用心理学的知识和技巧，教育工作者可以更深入地理解和解决学生的心理问题，提升教育成效。因此，高校思想政治教育者应充分利用心理学的理论和实践，不断探索和实施符合学生发展需求的教育策略和方法。

二、运用积极心理学指导大学生思想政治教育

（一）采用积极解释策略处理大学生所面临的挑战

在高校思想政治教育中，传统的解释方法往往显得僵化且落后，这限制了教育的效果和学生的发展。积极心理学提供了一种新的视角，主张从积极的角度解释大学生面临的问题，从而开拓思想政治教育的新路径。马丁·塞利格曼的研究通过大量的调查和分析，提出了"乐观型解释风格"与"悲观型解释风格"。

（1）乐观型解释风格。此类风格将问题的原因归咎于外部临时的情况，而非个人的固有缺陷。例如，若一个学生在考试中表现不佳，乐观型解释会将其归因于当时的具体情况，如考试内容偏难或当天身体状态不佳，而不是学生的智力或能力问题。这种解释方式有助于大学生形成积极的情绪体验和人格成长，促进他们的整体心理健康。

（2）悲观型解释风格。悲观型解释将问题看作由个人内部的、长期甚至永久的缺点所导致的。使用上述例子，若采用悲观型解释，则可能认为成绩不佳是由于学生本身能力不足。这种风格容易导致学生形成自卑心理和持续的消极情绪。

在实际的思想政治教育实践中，教师应当帮助学生采纳乐观型解释风格，看到挑战和失败的积极意义。例如，面对困难和挑战时，教师可以引导学生理解，每一个问题的出现都是检验和展现自身优秀品质及潜力的机会。通过这种"乐观的解释"，学生能够在问题解决的过程中发现自我价值和成长的可能，从而积极地面对生活中的挑战，促进个人的全面发展。

此外，积极心理学的应用不仅仅局限于个体层面，它还可以作为一种群体心理调整工具，帮助学生团体在面对集体挑战时保持积极向上的心态。这种方法能够显著提升学生的团队协作能力和集体荣誉感，增强思想政治教育的实际影响力。

通过将积极心理学原理融入思想政治教育中，可以更有效地促进学生的心理健康和社会适应能力，为培养全面发展的社会主义建设者和接班人提供坚实的心理基础。这种教育创新不仅拓宽了教育的方法论视野，也为传统的思想政治教育注入了新的活力和效能。

（二）着重激发大学生的内在成长动机

在高等教育中，思想政治教育往往重点关注于理论知识的传授，而忽视学生内在动机的激发，这一点是需要改进的。积极心理学，致力于探索人的潜能和积极发展，提供了重要的理论支撑。要实现这一目标，关键是激发大学生的内在成长动机，视学生为具有无限潜力的积极个体，发掘和培育他们身上的积极力量和优秀品质。

（1）积极人格的培养。学生认识到自身积极人格的必要性后，他们更可能在日常生活中展现出这些品质。这不仅促进了个人的健康人格发展，而且有助于他们在面对挑战和压力时，能够展现出更好的应对策略和更高的适应能力。

（2）自我决定理论的应用。在教学过程中，采用自我决定理论为指导，可以有效挖掘学生内在的积极动机。教育者应鼓励学生成为自己行为的决策者，通过增加学生的自我投入和参与度来提高他们的自主性，从而增强内在动力，促进人格的全面发展。

（三）采用欣赏的视角促进学生积极发展

在传统的思想政治教育中，教育者往往集中于解决问题，而未能充分认识和利用学生身上的积极因素。积极心理学强调通过欣赏的视角来看待每位学生，关注并强化他们的积极属性，这种方法能显著提高学生的情感体验和个人成长的质量。

（1）积极情感的培养。根据美国密歇根大学的弗雷德里克森教授的理论，积极情感如欣赏、满足和爱，能够有效促进学生积极特性的形成。这些情感不仅影响学生的当前心理状态，还长期作用于其人格发展。

（2）重构教育视角。转变传统的以问题为中心的教育视角，采用一种更为开放和欣赏的态度来观察和引导学生。通过肯定学生的正面品质如幸福感、乐观和勇气等，可以有效激发他们的内在潜力，增强自信和自我效能感。

（3）创建支持性环境。为学生构建一个积极的支持环境，让他们能够在良好条件下发展和生活，不断关注并发掘他们的潜能。这种环境不仅支持学生积极情感的体验，而且促进他们积极人格的形成和发展。

通过上述方法，大学生思想政治教育可以更有效地促进学生的全面和积极发展，帮助他们建立正确的世界观、人生观和价值观，同时为他们的未来社会实践和职业发展奠定坚实的基础。这种教育方式更加符合现代教育的需求，能够更好地适应社会发展的新趋势。

三、积极心理学理论在高校思想政治教育工作中的应用效果

(一) 转变对"问题"学生的"传统应对"模式

在我国的高校中，思想政治教育通常是国家主导的意识形态教育，主要采用理论教学和正规教育手段。这些方法虽然能较好地实现教育的社会价值和集体价值，但在关注学生个人价值的实现方面表现不足。面对有挑战的"问题"学生，传统的应对策略往往显得力不从心。

积极心理学，通过其独特的视角，强调塑造一个充满积极精神和乐观希望的心理环境，能显著增强大学生的自我效能感，即提升他们完成任务的自信程度。在实际应用中，思想政治教育通过整合积极心理学的元素，如积极情感体验和人格品质的培养，不仅增强了教育的针对性和实效性，还增强了其吸引力和感染力。这种方法使得教育从单一的"问题"取向转变为"发展"取向，从而改变了传统的对策模式，取得了显著的教育效果。

(二) 深化高校思想政治教育的内容体系

高校思想政治教育本质上是对大学生的世界观、人生观、价值观、政治观、道德观、法治观等方面的教育，旨在塑造合格的社会公民。积极心理学的引入不仅增加了积极情绪的培养，还有助于构建一个支持性的学习环境，最大限度地挖掘和提升学生的潜能，从而促进他们的全面发展和人格完善。

特别是积极心理学中提到的六大美德 (智慧、勇敢、仁慈、公正、自律、卓越) 和二十四种人格特质 (如感恩、爱心、创造力、好奇心、领导才能等)，为思想政治教育内容提供了更深层次的启示。例如，思想政治教育课程可以采用启发式教学方法，将教学内容与学生的个人追求和积极需求有效结合，激发学生的学习热情，深入开发他们的心理潜能。通过这样的教学策略，不仅能培养学生的积极情绪体验和行为习惯，还能显著增强教育的实际效果，开辟思想政治教育的新视野。

积极心理学的应用在高校思想政治教育中展现了显著的效果，它不仅改变了对"问题"学生的应对方式，还深化了教育内容的体系，使大学生的学习和生活更加

有意义、快乐和幸福。通过这种开放和欣赏性的视角，教育者能够更有效地支持和促进学生的积极人格发展，为构建和谐校园文化和促进社会稳定提供了强有力的支持。

（三）革新高校思想政治教育的方法和途径

传统的高校思想政治教育主要依赖于宣传教育和批评教育，这种方式相对单一，可能不足以覆盖所有学生的需求和现代教育的复杂性。引入积极心理学后，教育方法得到了显著的刷新和丰富，特别是在促进学生的个性发展和心理健康方面显示出独特的优势。

（1）采用积极的教育手段。积极心理学强调通过理解、宽容、肯定、接纳和表扬等手段，促进大学生良好品质及乐观心态的形成。这些方法更加人性化，能够有效提升学生的自我价值感和社会适应能力。

（2）激发学生的自主性和积极性。积极心理学在教育过程中注重激励学生的自觉性、主动性和积极性。通过参与式和体验式的教学活动，如工作坊、角色扮演和团队讨论等，学生被鼓励积极关心自我发展，并主动表达个人见解。这样的互动不仅增强了学生的学习动力，也帮助他们树立自爱、自尊、自强和自立的品质。

（3）积极情感体验法的应用。积极心理学的积极情感体验法通过创建积极的学习环境和情境，使学生能够在愉悦的氛围中学习，从而有效地改变了传统的理论灌输教育方式。这种方法通过增强学生的情感参与，提升了思想政治教育的吸引力和实效性。

（4）积极组织系统法的创新。积极心理学还提出了积极组织系统法，该方法通过构建支持性的组织结构和系统，创新了传统的教育途径。这包括建立更为开放和互动的教育平台，使学生能够在组织中发现角色，感受归属，从而更加积极地参与到学习和社会实践中去。

将积极心理学的原理和方法引入高校思想政治教育中，不仅创新了传统的教育方法和途径，而且使教育工作更加符合当代大学生的心理和发展需求，有效提升了教育的综合效果。这种方法的应用，使得思想政治教育不再局限于传统模式，而是成为一种更为动态和互动的学习过程，极大地提升了教育的现代化水平和学生的满意度。

四、积极心理学理论在高校思想政治教育中的运用与思考

（一）兼容并蓄与创新应用

1. 积极心理学的整合应用

积极心理学继承了人本主义的核心理念，重视人的潜力和天赋的发展，以及思想观念的刷新。这一学派的方法不是单纯地消除学生问题，而是着力于挖掘和发展每个学生的潜能和能力。面对当前高校思想政治教育内容的局限性——常常显得脱节和不足以满足知识经济时代的需求，积极心理学提供了一种新的路径。今天的社会发展和大学生成长需要的是全面发展的综合素质。因此，通过积极心理学的应用，教育者可以更有效地培养学生的参与意识、交流意识、竞争意识及创新能力。将积极心理学与思想政治教育相融合，可以促使思想政治教育在高校中更加有效地开展。

2. 积极心理学的创新应用

积极心理学专注于探索人的积极力量和潜能，继承并发展了传统心理学的精粹。它不仅采用了心理学的实证法、实验法，还创新引入了团体辅导、心理干预等研究方法。高校思想政治教育的教师在运用积极心理学理念时，需要不断学习和创新其应用方式。鉴于积极心理学在我国发展的时间较短，实证研究成果相对有限，思想政治教育的实践者应当开阔研究视野，加强学术创新，以实现知识的再生产。同时，教育实践中应避免过度教条化的解读，以免影响教育的实际效果。

通过将积极心理学的原理和方法融入思想政治教育，不仅能够提升教育的广度和深度，还能够创造出更加健康和积极的教育环境，为大学生的全面发展提供支持。这种整合和创新的应用，有望推动高校思想政治教育从传统的理论教育模式，向更加现代化、实效性强的教育模式转变。

（二）因地制宜与本土化实践

积极心理学理论在高校思想政治教育中虽有广泛的理论研究，但具体实践案例仍需根据地域特性进行适当的本土化调整。以美国的"幸福教育计划"为例，该计划通过两种主要方式实施积极教育：一是 PRP 项目，该项目设计旨在提升学生处理日常压

力的能力及其抗抑郁和焦虑的韧性，应对青少年时期常见的心理挑战；二是一门必修的积极心理学课程，目的是帮助学生发现并培养自身的积极品质，如开朗、友善、勇敢、坚毅和智慧，并教授他们如何在日常生活中应用这些品质，以及如何通过积极情感来增强对个人目标和生活意义的理解。

相比之下，我国在将积极心理学应用于大学生思想政治教育方面，主要集中在理论讨论，缺乏足够的实际操作和案例分析。大部分讨论还停留在理论层面的应该如何应用（"应然"），而实际操作（"实然"）较少。因此，我国教育工作者需要通过实际操作来丰富和完善这一理论，探索理论与本土文化结合的有效路径，以便更好地利用这一理论推动思想政治教育的实际效果。

为此，我国高校可以借鉴"幸福教育计划"的模式，根据本土的社会文化和教育环境的特点，开发适合本国学生的积极心理教育项目。这可能包括开设专门的课程来培养学生的积极心理资本，或者通过学校的辅导和活动，提升学生的社交技能和自我认知能力。通过这些具体措施，积极心理学理论不仅能在我国的高校得到有效应用，还能为学生的全面发展和心理健康提供有力支持。

第四章　思想政治教育内容创新的方法研究

第一节　教育内容创新的统一性与多样性

在学校思想政治理论课教师座谈会上，习近平总书记强调了思想政治理论课改革创新需要实现八个基本的统一，这些包括：政治性与学理性的统一、价值性与知识性的统一、建设性与批判性的统一、理论性与实践性的统一、统一性与多样性的统一、主导性与主体性的统一、灌输性与启发性的统一、显性教育与隐性教育的统一。这"八个统一"不仅内容丰富、逻辑严密，而且基于思想政治教育建设的根本规律，紧密聚焦于新时代思想政治教育建设面临的关键矛盾与问题，深入阐释了思想政治教育改革创新的焦点和挑战，明确了未来的发展方向。

特别是"坚持统一性和多样性相统一"的原则，这与其他七个方面紧密相连，构成了不可分割的内在关系。只有在实现这"八个统一"的基础上，才能有效地推动新时代思想政治教育改革创新的整体进程，形成强大的合力。这一系列统一原则为思想政治教育的现代化教学提供了清晰的方向和实践指南，确保教学内容既符合政治要求又富有学术深度，既传授知识也培养价值观，既强调理论学习也注重实践应用，既维护教育的基本统一性也尊重学生的个性差异，有效激发学生的学习兴趣和思考能力。

一、坚持统一性和多样性相统一是我国意识形态领域建设的重要原则

物质统一性原理是马克思主义哲学中关于世界本质的核心原理，涉及物质与意识、统一性与多样性的基本关系。这两种关系展示了矛盾的双方性：既存在对立和分离，又表现为统一和相互依赖，形成了辩证的统一关系。

在这一框架下，"统一性"和"多样性"的关系尤为重要。统一性在其中占主导

地位，它不仅包含多样性，而且在很大程度上影响和制约多样性。在意识形态领域，这一关系特别表现为坚持核心价值观的一致性与迎合多元价值取向的结合，强调统一思想与接纳多样性的和谐共存，这一直是我国意识形态建设的基本原则。

历史上，马克思主义作为党的建国和执政的指导思想，在我国特色社会主义教育中占据核心地位。维护统一性与多样性的平衡，意味着在意识形态中坚持马克思主义的领导地位，确保它在凝聚社会、铸魂育人中的核心作用，从而支持国家向新的伟大飞跃迈进。

另一方面，"多样性"着重于价值取向的多元化。在坚持统一性的基础上，尊重和包容差异是必要的。这种方法不仅在思想上寻求共识，还在实践中实现价值的引领。高校作为意识形态的前沿，面对复杂的社会思潮和文化竞争，必须在维护统一性的同时，也尊重学术和思想的多样性。

面对全球范围内前所未有的大变局以及新的社会挑战，思想政治教育作为培养德智体美劳全面发展的社会主义建设者和未来接班人的关键课程，需要在改革创新中寻求统一性与多样性的平衡。强调统一性的同时，更要明确马克思主义的指导地位，通过习近平新时代中国特色社会主义思想的引领，有效进行政治和价值教育，确保高校思想政治教育的方向与国家发展需求同步。

二、坚持统一性与多样性相统一是思想政治教育建设应遵循的基本规律

统一性和多样性的融合是思想政治教育建设中必须遵循的规律，这不仅体现在思想政治工作的准则上，也是教育实践和学生发展规律的具体表现。此原则是思想政治教育建设的核心要求，确保课程系统的完整性和目标的明确性。

(一) 统一性的实现

在高校思想政治教育中，"统一性"的概念至关重要，它确保了思想政治教育课程在整个教育体系中的一致性和标准化。统一性的实施涉及多个层面，包括确立统一的教学目标、构建合理的课程架构、选择适当的教材、构建专业的师资队伍，以及实施高效的教学管理策略。

首先，教学目标的统一性要求所有思想政治教育课程明确地向学生传达中国特色

社会主义理论和马克思主义基本原理，以及社会主义核心价值观。这一目标不仅指导课程的具体内容，还影响教学方法和评估方式的选择，确保所有教学活动都能围绕中心思想展开，促进学生的思想政治发展。

其次，课程架构的统一性体现在思想政治教育课程必须系统、全面地覆盖从理论到实践的各个方面，整合政治学、经济学、哲学和社会学等多个学科的知识，形成协同教学的格局。这种架构不仅有助于构建知识的完整性，也方便学生形成系统的世界观、人生观和价值观。

再者，教材选用的统一性强调必须使用经过严格审查和认证的教材，这些教材应当准确无误地反映马克思主义理论的最新研究成果和我国社会主义的实际发展情况。选用统一教材可以避免教学内容的碎片化和不一致性，保证学生接受的教育质量和内容的权威性。

最后，教学管理的统一性要求高校建立和完善思想政治教育教学的监控和评估系统，这包括定期的教学检查、学生反馈、教学效果评估以及教师培训等方面。通过这一体系，高校能够确保教学质量，及时调整教学策略和内容，以适应学生需求和社会发展的变化。

通过这些措施，高校的思想政治教育课程能够形成一个稳固、连贯且高效的教学体系，不仅提高教学质量和效果，也能更好地满足教育的根本任务——培养德智体美劳全面发展的社会主义建设者和接班人。

（二）多样性的探索

在现代高等教育中，尤其是在思想政治教育领域，"多样性"的概念扮演着至关重要的角色。这一理念主张在教学方法、手段和形式上进行个性化调整，以适应不同学生群体的独特需求。多样性的实施不仅增强了教育活动的吸引力，而且提高了其教育效果，特别是在培养学生的批判性思维和创新能力方面。

"多样性"要求教育工作者根据不同地域的文化背景、当前时代的发展需求以及学生的具体条件来设计教学内容。例如，对于经济发展水平较高的地区的学生，可以增加关于国际视野和全球经济参与的内容；而对于历史文化悠久的地区，可以加强对本地历史和文化的教学，使学生能在尊重和了解本土文化的基础上，形成开放和包容的价值观。

青少年时期是关键的成长阶段，需通过恰当的引导和培育来形成正确的世界观。在小学到大学各个教育阶段系统地、循序渐进地开设思想政治教育，是保障培养社会主义建设者和未来接班人的重要措施。思想政治教育的构建应围绕遵循教育的三大规律——思政教育规律、教学育人规律、学生成长规律进行。

通过这样的做法，思想政治教育建设不仅可以在追求统一性的基础上尊重教育规律和学生个性，还能通过问题导向和目标导向的结合，重视教学方法上的创新，有效地衔接统一性与多样性，从而提高教育的实效性和吸引力。

三、坚持统一性与多样性相统一是思想政治教育实现立德树人的内在要求

思想政治教育的建设核心在于体现中国特色社会主义大学的本质要求，这不仅是教育的方向，也是国家战略的体现。为了办好思想政治教育，必须全面贯彻党的教育方针，坚持为党育人和为国育才的根本宗旨，确切回答和解决"培养什么人、怎样培养人、为谁培养人"这一系列根本问题。

我国高校作为党领导下的中国特色社会主义教育阵地，承载着培养社会主义建设者和接班人的重任。这些高校深植于我国大地，以马克思主义为教育指导，全力贯彻党的教育政策，不断加强党对高校的全面领导，将立德树人确立为教育的根本任务。

实现思想政治教育建设的统一性，关键是要在高校的办学理念、教师队伍建设、课程设置和教材建设等方面坚定正确的政治方向。这包括始终坚持"为人民服务、为中国共产党治国理政服务、为巩固和发展中国特色社会主义制度服务、为改革开放和社会主义现代化建设服务"的教育方针。通过这种方式，高校不仅传授知识，更致力于塑造学生的世界观、人生观和价值观，培养他们成为有能力、有责任感的社会主义建设者。

我国的现代化建设是一项跨代的长期任务，要求不断培养拥护中国共产党领导和中国社会主义制度的优秀人才。这些人才不仅要在专业技能上精湛，更要在思想政治上坚定，愿意为中国特色社会主义事业终生奋斗。这种培养模式是我们教育工作的根本，也直接指向思想政治教育的建设目标。

推动思想政治教育的统一性要求，不仅是思想政治教育改革创新的必由之路，也是提升教学质量、实现教育目标的根本保证。通过坚持和深化这一要求，我们可以有效地整合教育资源，优化教学方法，丰富教学内容，从而在全面建设社会主义现代化

国家的征途中，为国家输送一代又一代有用的人才，这不仅是高校的责任，更是我们共同的使命。

在大学生思想政治教育中，坚持统一性和多样性的结合是关键。这种结合不仅要求教育内容和形式在全国范围内保持一致性。首先，教材的统一是基础。思想政治教育教材作为国家的重要教育资源，承载着正确的价值观念和思想理论，是实现党的教育方针和教育目标的基本依据。因此，全国高校普遍采用"马工程"统编教材，这些教材由国家权威机构编写和审批，确保内容的正确性和权威性。为了适应地方和学校的特定需求，除了统编教材外，学校可以根据自身实际情况开发补充教材，但这些教材必须经过严格的编写流程和政治审查，确保其内容不偏离党的教育方针，不传播与社会主义核心价值观相悖的理念。

在保证教材统一性的基础上，思想政治教育建设的多样性主要体现在教学方法和手段的创新上。多样化的教学策略是应对不同地区、不同类型高校及不同学生需求的有效途径。具体包括：

（1）因地制宜，根据地区特点和社会文化背景调整教学内容，使之更贴近学生生活实际，增强教学的针对性和有效性。

（2）因校制宜：考虑高校自身的办学定位和专业特色，灵活调整教学策略，比如工科院校可以加强科技伦理的教学，文科院校可以深化人文社会科学的思政教育。

（3）因材施教：针对不同学生的个性和兴趣，采取个性化的教学方法，如小组讨论、案例分析、角色扮演等，激发学生的学习兴趣和主动性。通过这样的努力，思想政治教育课程既能维护必要的统一性，又能充分发挥多样性的优势，更好地培养能够担当民族复兴大任的时代新人，实现立德树人的根本任务。这种教育模式的成功实施，将为中国特色社会主义现代化建设提供坚实的思想保障和人才支持。

坚持统一性和多样性相统一要处理好两者的辩证关系，若只强调统一性而无视多样性，就会生搬硬套，影响教学效果；而片面强调多样性，忽视统一性就难以实现思想政治教育高质量建设的统一目标。

四、坚持统一性与多样性相统一是思想政治教育建设的实践课题

思想政治教育是一项关键的实践活动，其核心在于实现统一性与多样性的有机结合，这也是当前思想政治教育课程建设中必须面对的重要课题。在新时代背景下，思

想政治教育的改革与创新是教学的主要内容和形式。随着中国特色社会主义实践的活跃发展，以及马克思主义中国化理论的持续创新，大学生们的成长也需要与时代同步，这要求思想政治教育课程必须坚持创新精神，做到因应时代变化而不断更新，以创新的方式解决现实问题和学生的成长困惑。

通过对思想政治教育实践活动的不断改革和创新，可以进一步激发新时代大学生的爱国热情和奋斗意志，坚定他们的理想信念，并传承红色基因，塑造他们成为未来社会主义事业的建设者和可靠接班人。因此，新时代的思想政治教育课程建设不仅要在统一的教育目标、内容和标准上进行构建，还需在方法和手段上进行大胆创新，拓宽教学的形式和路径，使其更加贴合大学生的实际成长需求。

此外，思想政治教育课程应紧密结合实际，通过多样化的教学探索和实践，充分利用丰富的教育资源、教育力量和教学手段，确保教学内容不仅被学生理解，更要被内化于心，有效服务于立德树人的根本任务。通过这样的努力，思想政治教育课程能够在维持必要的统一性的同时，展现出丰富的多样性，从而更有效地促进学生的全面发展，为培养符合新时代要求的高素质人才提供坚实的支撑。

要适应个性化强、思维多样的新生代大学生的特点，思想政治教育课程不能仅限于传统的课堂内讲授。必须积极探索课内外、校内外相结合的教育模式，将传统思想政治教育课程与社会实践紧密连接，以促进学生的全面发展。这种教育模式不仅帮助学生深入了解国家、地方和社会的实际情况，而且显著增强他们的社会责任感和公民责任感。教学内容应设计得具有针对性和导向性，通过系统地规划组织学生参与各类社会调研和志愿服务活动。例如，可以安排学生到学校附近的社区进行社会调研，了解社区的需求和问题，或参与到社区服务中，如支教、助老等志愿活动，这不仅帮助他们将课堂知识与社会实践结合起来，而且促进了知识与行动的统一。组织学生参观革命圣地、改革开放的前沿城市等地，不仅是让思政教育活动走出课堂，更是一种"身边的思想政治教育""行走的思想政治教育"。通过这些活动，学生能够亲身体验和深刻感受中华民族的优秀传统文化、革命文化及社会主义先进文化的磅礴力量。这样的实践不仅让学生在现场的体验中学习和感悟，也帮助他们铸牢中华民族共同体意识，积极参与到实现中华民族伟大复兴的中国梦中去。通过这样的思想政治教育实践教学，可以进一步提升课程的思想性、生动性和实效性。这种教育模式强化了大学生对祖国的认同感、对中华民族的认同感、对中华文化的认同感以及对中国特色社会主义的认同感。最终，这不仅仅是学习知识的过程，而是通过实践学习成长的过程，真正实现了教育的目的——立德树人。通过创新思想政治教育的方法和途径，使之更加符合新时代的要求，思政教育将更加有力地推动学生全面而深入地了解和融入社会主义现代化建设。

第二节　坚持思想政治教育内容理论性与实践性统一

一、理论性与实践性是思想政治教育的基本属性

思政课的核心目标是立德树人，旨在为党育人、为国培养人才。这一任务赋予了思政课深刻的"政治性"，但对此的理解往往存在偏差。有观点认为，思政课过分强调政治灌输，忽视了激发学生的思考和理论分析能力，仅被视为推广政党意志的工具，而非培养学生独立思维和理性判断的平台。这种片面的看法导致了一些教师在教学时缺乏热情，机械地照本宣科，而学生则往往被动应对，通过死记硬背来应付考核。

由于这些问题，学生在思政课中很难体验到思想上的触动和理论上的兴奋，渐渐对这门课程的价值和重要性产生了疑问，对课程的兴趣也逐步消退。调查数据显示，尽管约68%的学生最初对思政课抱有兴趣，但在教学过程中，这种兴趣逐渐降低，课后愿意深入学习思政课的学生不到10%。这暗示着如果思政课不是公共必修课，不由学分任务的驱动，可能很少有学生会主动选择参加思政课堂，这是一个令人担忧的潜在现实。

因此，改进思政课的教学方法和内容，确保它既能传达正确的政治导向，又能激发学生的思考和参与，是提升思政课吸引力和教学效果的关键。这需要从教材选择、教学方法到评估方式等各个方面进行全面创新，以真正实现立德树人的教育目标。

思政课不仅是一门理论丰富、实践价值高的课程，更是启发青年大学生用科学理论武装头脑、指导实践行为的关键课程。青少年阶段被誉为人生的"拔节孕穗期"，在这一关键阶段形成正确的思想和行为模式尤为重要。在此期间，青年学生对理论知识的渴望异常强烈，特别是在青年时期，他们的抽象逻辑思维开始从经验型向理论型转变，思维的独立性和批判性得到显著增强，表现出对理论深度、真理追求和理性思

维的强烈喜好。

在这个关键的成长阶段，用科学理论来满足青年的理性追求，对于引导学生树立远大理想、成为社会奋斗者，具有不可替代的作用。因此，思政课应充分发挥其启发性功能，不仅传授科学理论，也应通过各种实践活动让学生将理论知识转化为实际行动，真正达到理论与实践的有机结合。

（一）思政课具有深厚的理论性

"要使一个民族站在科学的最高峰，理论思维是不可或缺的。"思政课旨在培养为中国特色社会主义事业终生奋斗的有用人才，这是中华民族长远发展的重要基石，其中"理论性"是其核心特性。思政课通过理论知识的传授、理论思维的培养和理论方法的应用，全面提升学生的理论素养。

首先，理论知识的灌输是基础，它涵盖马克思列宁主义、毛泽东思想及中国特色社会主义理论体系，确保学生系统理解马克思主义的基本原理。其次，理论思维的培养要求学生站在马克思主义的视角分析和解决问题，这不仅是知识的学习，更是一种思考方式的训练。再次，理论方法的构建强调使用马克思主义的方法论来认识和改造世界，这包括坚持辩证唯物主义和历史唯物主义的方法论。

此外，思政课的理论性也体现在其功能和价值指向上。在功能指向上，它培养理论自觉，即使学生意识到理论学习对个人发展的重要性，并激发学习的积极性。在价值指向上，它增强理论自信，让学生认识到中国特色社会主义理论的科学性和真理性，从而坚定对共产主义理想的信仰。

思政课的教学方法主要是理论讲授，强调用理论说服和教育人。例如，"我国近现代史纲要"通过阐述我国近现代历史，展示人民和历史是如何选择马克思主义、中国共产党和社会主义道路的，从而加强学生用科学的历史观和方法论来分析问题的能力。

（二）思政课具有鲜明的实践性

"社会生活在其本质上是实践的。"这一观点突出了马克思主义哲学的独特性，即其不只是"解释世界"，更重要的是"改变世界"。毛泽东曾强调，"马克思主义哲学的最重要问题不仅在于理解客观世界的规律性，从而解释世界，而更在于应用这些规律性认知主动地改造世界"。

首先，思政课通过传授科学理论知识、推广社会主导价值观和传递主流意识形态，旨在培养学生的良好行为习惯。这不仅是思政课实践性的基本表现，也是其教育的核心目的。其次，思政课程本身就是一种具有明确目标的社会实践活动，这种活动通过将教育教学与实际紧密结合，"与生产劳动和社会实践相结合"的方式，使得课程探讨的问题直接关联社会现实问题，确保学生所学的理论知识能在实际中得以应用，特别是在实施中国特色社会主义事业中找到归宿。

此外，思政课的实践性还体现在其与时俱进的特性上，这包括关注时代变迁、社会动态，并确保课程理论与时代主题紧密相关。随着时代的发展，理论持续进行优化和创新，课程内容也在不断地调整和更新中。思想政治教育的过程不仅与人的思想、行为和发展紧密相关，还与社会的政治、经济、文化和整体社会发展维持着广泛而深刻的联系。

作为思想政治教育的主要渠道，思政课必须紧密依托于这些深刻的社会联系，扎根于社会现实，并致力于服务社会实践。若偏离这一轨迹，思政课将可能沦为枯燥无味的形式主义教育，变成学生口中的"无味之课"。

（三）思政课的理论性与实践性是辩证统一、相互依存的

理论与实践的辩证统一是马克思主义的核心原则。理论不仅源于实践，更具有引导实践的功能；实践不仅验证并丰富理论，同时也推动理论前进。理论的创新动力来自实践，其发展依赖于实践素材，而理论的价值则必须在实践中得以实现。此外，理论本身应具备实践性，实践也需具备理论性。只有建立在现实和实践基础上的理论才能称得上科学理论；同样，只有受到真理和理论指导的实践才能成为科学实践。任何脱离实践的理论都是空洞的，任何缺乏理论指导的实践都是盲目的。

思政课程作为马克思主义理论的教育平台，其教学理念深受马克思主义的影响，旨在传播马克思主义的理论成果。这门课程的理论性与实践性相辩证统一，构成其基本特征。在教学中，理论教学主要关注构建知识体系，解答"是什么"和"为什么"这类认识问题，如定义、原理和规律等；实践教学则关注将理论应用于实践，解答"能否做"和"如何做"这类行动问题，涉及规范、路径和方法等。

思政课程的理论与实践不仅重点不同，而且必须相互融合。课程理论紧密联系当代社会实际，专注于现实问题和社会发展，确保理论具有明确的实践基础；实践教学

则通过体验来验证理论观点并激发理论思考,确保实践活动受到理论的深刻影响。这种理论和实践的良性互动是思政课程的独特魅力,二者缺一不可。仅侧重理论,思政课将失去与现实的连接,变得枯燥无味;单纯强调实践,又无法深入揭示问题的本质,难以彻底说服学生。因此,真正的教育成效源自理论与实践的完美结合,使得思政课成为既富有生命力又充满说服力的课程。

二、思政课理论性与实践性相脱节的主要表现

理论性与实践性的统一是思政课的基本要求,也是其教育功能得以有效发挥的关键。但在实际教学过程中,思政课常常表现出理论与实践的分离,这不仅削弱了课程的教育效果,也模糊了人们对该课程的理解和期待。

(一)理论性彰显不足

思政课的理论教学面临着多方面的挑战,这些挑战削弱了课程的吸引力和教育效果。首先,理论内容更新不足,难以紧跟时代发展和回应社会需求,学生在理论理解和应用上的困惑未能得到有效解答。其次,理论讲授往往未能深入,对于核心观点和关键原理的解析浮光掠影,使学生无法系统全面地掌握知识。此外,部分内容还停留在传统观念上,缺乏创新和实时更新,与学生的实际需求和兴趣不符。

这些问题不仅影响了思政课的理论深度和广度,也直接影响了学生的参与度。调查数据显示,有高达42%的学生在思政课上频繁使用手机或其他电子设备,显示出对课程内容的兴趣不高。根本原因在于,一些教师对于思政课的重要性和复杂性有误解,认为其主要任务是传递已定的意识形态,忽视了理论探究的必要性和理论解释的深度。此外,部分教师自身的理论水平不足,未能深入学习和消化经典理论,导致无法有效传授知识。有研究指出,思政课教师普遍存在理论准备不足的问题,有的教师甚至难以明确教学的重点和难点,这些问题的根本在于教师自身的学术研究不足。

(二)实践性运用不足

思政课的实践性应用面临若干问题,这些问题限制了课程的教育潜力和实际影响。首先,理论教学与学生的实际生活和社会问题脱节显著。课堂上往往未能针对学生关心的社会问题提供及时且深入的分析,如社会不公、环保问题等,缺少针对性和

"硬核"的理论解读，导致理论的实用价值未能充分展现。

其次，实践教学的方式和影响力有限。思政课的实践活动往往局限于形式单一的社会调研或实践报告，缺乏创新和深度，未能充分挖掘这些活动的教育和启发潜力。这种单一的实践模式未能有效促进学生的批判性思维和问题解决能力的发展。

此外，实践活动往往重视形式而忽视内容的深化，近年来，尽管在外界压力下思政课加强了对实践教学的关注，实践环节和作业已成为常态，但常常流于形式，缺乏实质性的教育目的和效果。这种形式主义的实践教学反映了部分教师对实践教学意义的误解，未将实践教学视为深化理论教学和提升学生实际应用能力的重要环节，而是作为勾勒课程外观的"装饰品"。

根本原因在于部分教师未深刻理解实践教学的核心价值，将其视为附加任务而非教学的整合部分。同时，课程设计和教学计划的制定也未能全面系统地整合理论与实践，导致教学中缺乏有效的实践指导和策略，未能形成理论学习与实践应用的有效衔接。这些问题的存在严重影响了思政课的吸引力和实效性，需要通过系统设计和真正意义上的教学创新来解决。

（三）理论性与实践性结合不足

理论性与实践性的脱节在思政课建设中主要体现在五个方面：

第一，教材内容的理论化过度。教材在内容上过分追求理论体系的完整性，而忽略了实践的应用性。许多教材内容显得过于官方化和政治化，缺少与实际生活连接的灵活性和实用性。

第二，教学内容的脱节现象。在教学过程中，过分强调理论的完整性，而忽视了理论对实际问题的解释和应用能力。对学生普遍关心的社会热点和问题回应不够积极，避重就轻，缺乏对多元社会思潮的深入分析和批判。

第三，教学语言与实际生活的脱节。教学语言中过度使用专业理论术语，缺乏生活化的表达，未能将理论语言与日常生活语言有效融合，使得教学内容难以被学生所接受和理解，缺乏"接地气"的教学表达。

第四，教学过程中的实践缺失。教学过程中过于注重深度讲解，而忽略了学生的深度学习和理解，学生缺少通过实践来深化理解和应用理论的机会。教学活动中对学生的自主探究、问题分析和实践活动的重视不足，形式化的实践活动未能真正激发学生的学习兴趣。

第五，第二课堂的教育功能未充分发挥：虽然社会对思政课走出传统课堂、融入实践的需求日益增强，但实际操作中，如校园活动的思政教育功能仍未得到有效发挥，娱乐性大于教育性。

三、思政课理论性与实践性相统一的建设路径

在思政课的教育教学过程中，如何将理论性与实践性相统一？笔者认为，应从以下几个方面入手。

（一）全面坚持马克思主义理论的彻底性，充分彰显理论魅力

思政课教学要真正实现以理服人，首先必须确保理论教学的彻底性。理论的深入与创新是使其具有持久魅力的关键，当前国内外形势的快速变化要求马克思主义理论不断与时俱进，紧贴时代脉搏，解答新时代的问题，设定与时代相应的讨论话题，从而保持理论的生命力和实用性。

此外，彻底性的发展还需通过批判来加强。马克思主义历来在理论斗争中发展壮大，如同毛泽东指出的，马克思主义的发展是在与错误思想的斗争中进行的，因此，面对新自由主义、民主社会主义、历史虚无主义以及"普世价值论"等多种思潮，深入的批判和理论辨析是不可或缺的，以此凸显马克思主义理论的正确性和科学性。

再者，思政课教师在教学过程中必须深化理论教学。教师是理论传播的桥梁，只有深入学习和完全理解马克思主义原著，才能确保理论教学的深度和广度。教师应采用"深耕细作"的研究态度，通过反复阅读原著和深入学习原理，确保理论讲解的彻底性和系统性。思政课要以内容丰富、理论深邃为标准，通过引发学生的问题意识，从而达到以理服人的教学效果。

最后，确保理论教学的实践指导性是提升教学质量的关键。思政课应该是理论与实践相结合的课程，理论的学习不应脱离现实社会的具体实践。教师应当关注理论的实际应用，通过生动的教学案例和实践活动，使理论知识与学生的日常生活和未来职业实践紧密连接，增强理论教学的吸引力和实用性。通过这样的教学策略，思政课可以更好地培养学生的理论素养和实践能力，实现立德树人的根本任务。

（二）全面探索思政小课堂与社会大课堂的结合路径，充分发挥实践效能

整合思政小课堂与社会大课堂的过程首先要体现在对社会现实的深刻洞察。教材和教学内容都应与国家的发展战略紧密相关，确保教学内容不仅反映理论知识，而且与中国特色社会主义的实践紧密结合。其次，实践教学应拓宽视野，多样化实践形式，包括但不限于社会调研、主题研讨、新媒体项目、参与社会服务等多种活动，以丰富学生的实践经验和加深理论理解。

在实践渠道的建设上，需要将课堂内外、校园与社会实践紧密结合，形成一个互补和协同的教学网络。这要求学校进行有效的顶层设计，整合各方资源，实现教育活动的系统化管理。此外，学校应当创造条件让学生参与现场学习和实践，比如企业实习、社区服务等，通过实地体验来深化学生对理论的理解和应用。

毛泽东曾经指出，要理解梨子的滋味，必须亲自尝试改变它。同样，要让学生真正理解社会和理论，就必须让他们亲身参与社会实践。因此，学校和社会应共同为学生提供广泛的实践机会，使他们在实践中学习和成长。所有的实践活动都应围绕清晰的教育主题展开，避免形式主义，确保每次实践都能有效地支持教学目标，从而实现理论教学与社会实践的有机结合。

（三）全面完善理论性与实践性相统一的机制，推进课程创新发展

为了提升思政课的理论性与实践性相统一，需要全面完善机制，并形成校内外、课内外的协同教育格局。首先，从建设教师队伍着手，"配齐建强"专职思政课教师是基础。当前许多高校面临教师短缺问题，为此，全面配备教师并加强其专业能力成为迫切需求。根据习近平总书记提出的"六要"要求，加强教师的政治素养、爱国情怀和创新能力是必要的。此外，发展"专兼结合"的教师队伍，引入具有丰富实践经验的兼职教师，既能增强课程的现实针对性，又可破解单一教学模式带来的学生疲劳问题。

在资源整合方面，应最大程度地利用和整合校内外教育资源。例如，清华大学通过组织学生赴马克思故乡的学习旅行，让学生深刻体会马克思理论的深厚基础和高尚人格；四川大学则通过建立"江姐纪念馆"和开设"江姐班"，利用校园内的红色资源来加强爱国主义教育和共产党忠诚教育。这些沉浸式的教学方法有效地增强了学生的情感认同和理论认知。

最后，在课程运用上，需要将课内的思政教育与校园文化活动、社会实践及网络空间等教育阵地相结合，形成全方位的教育网络。所有学科教师都应当共识思政教育的重要性，在专业教学中穿插相关的思政内容，不仅提升专业课的教学质量，也强化了思政课的教育效果。同时，各种教学活动需要有机衔接，确保教育资源的最大化利用，形成教学的合力，从而有效推进思政课程理论与实践的完美融合。

第三节　提升思想政治教育内容的亲和力

习近平总书记在全国高校思想政治工作会议上明确强调，必须"增强思想政治教育的亲和力和针对性，以满足大学生的成长需求和期望"。这不仅为新时代高校思想政治教育的发展指明了方向，也提出了具体的要求和挑战。所谓思想政治教育的亲和力，指的是教育活动对学生的吸引力、接受度和融合性，即学生对思想政治教育内容的接纳程度、与教育者及其活动的和谐性和一致性。

增强思想政治教育的实效性关键在于提升其亲和力。这是优化高校思想政治教育工作的重要切入点和关键环节。为了实质性地增强思想政治教育的亲和力，必须严格遵守思想政治教育的基本规律、教书育人的原则以及学生发展的自然规律。通过深入的理论探索与生动的实践应用来解决新时代思想政治教育面临的问题，反映了思想政治教育与学生之间紧密而复杂的联系，这一方向已成为近年来思想政治教育理论研究和实践探索的焦点。

一、思想政治教育亲和力的科学理论之基

（一）主体性教育理论为思想政治教育亲和力提供了目的性证明

"主体"作为一个哲学概念，起源于普罗泰戈拉的名言"人是万物的尺度"。在马克思主义哲学中，主体性描述的是人作为行动主体的根本属性和本质特征。学生的主体性在教育活动中表现为，在教师的引导下，他们如何主动、创造性地与外部世界建立关系。教育的本质是培养个体的主体性，这是一种致力于发展个体精神世界的主体性教育。

思想政治教育是有目的、有计划的社会实践活动，构建的是一个伦理性的"我-

你"世界，而非工具性的"我-它"世界。在这个过程中，教育者与学生的关系不应是控制与被控制的"主体-客体"关系，而应是平等的主体间交流和对话的关系。思想政治教育的过程应当是培养人的完整精神世界的人际交往实践。这种交往实质上是一个以课程内容和教材作为中介的教育主体之间的对话过程，包括教育者与学生、学生与学生之间的直接对话和教育主体与人类文化之间的间接对话。这种"隐性"教育交往实践旨在促进个体的全面发展，将人的精神生活放在核心位置。

因此，教育活动必须重视学生精神世界的丰富和个性的独立建构，引导学生深刻体验生活，理解人生，并激发他们的创造潜能。教育活动本质上是人的灵魂间的对话式教育，应从生产实践观转向交往实践观，让思想政治教育不仅是知识的传递，而且是生命精神能量的转化与创造性生成。

改变传统教育理论基础，实现教育者与学生、个体与人类文化之间的精神沟通与创造性生成是关键。这种转换将促使教育主体间开放精神世界，接纳彼此，真正实现精神上的平等交流和内在融合。通过这种方式，思想政治教育的亲和力自然形成，满足时代精神的要求和社会发展潮流，关注提升学生的生命质量和价值实现，通过教育活动的每一个方面建立起一种相互尊重、信任、民主平等的"我-你"关系，使思想政治教育焕发新的活力。

（二）"教育回归生活"为思想政治教育亲和力提供了本体性证明

马克思主义哲学历来强调实际存在的人和其生活世界，体现了对社会生活的深入探讨、历史反思与批判性改造。它反对任何脱离现实的学院哲学和各类唯心主义，主张哲学应从抽象高远转向现实问题的直接关注。马克思在《黑格尔法哲学批判导言》中批评黑格尔哲学的空疏抽象，指出现代国家常常忽略实际人的需要，仅以抽象方式表面满足。与此相反，马克思主义哲学作为"非哲学的哲学"，以现实生活为起点和落脚点，其根本目的在于介入和改变现实生活，进行"物质的批判"。

在转型期的新时代，思想政治教育尤其需要借鉴马克思对生活的哲学观照。马克思的生活探究是对现实生活本质的深刻哲学审视，这种探究是动态的、辩证的，不仅仅关注社会生活的表面结构，而是试图揭示决定社会生活发展变化的深层结构和内在规律。生活主体的本质探究是马克思生活观的理论基础，这种基础使思想政治教育能够以更生活化的形式出现。

思想政治教育应该转向"生活世界",从高度理论的学科知识转向更贴近日常生活的内容,构建学生可以直接关联到的生活空间,重建精神家园。教育应当以关怀和理解学生的现实生活为出发点,使教育过程成为学生价值实现的渠道,激发学生内心的共鸣,探索人生哲理和生活的真谛。

思想政治教育的亲和力提升依赖于教育者的正视其主要职责——课堂教育,并唤醒对学生个性和情感的关注,推动教育内容和方法向"生活化"转变。尽管高校教育需要反映生活,但同时不能陷入对现实的消极接受,而应在生活中寻求教育的批判性和超越性,从而不断优化教育实践。这种转变不仅提升思想政治教育的愉悦感和实用性,而且使之成为一种令人幸福的学问,最终培养出具有幸福感的人,这是思想政治教育亲和力提升的根本目的。

(三)教育育人性的本质要求为思想政治教育亲和力提供了发展性证明

习近平总书记在与学校思想政治理论课教师的座谈会上强调了思想政治教育的核心目的:"思政课的重点是全面落实党的教育方针,明确培养什么人、怎样培养人、为谁培养人这一基本问题。"这揭示了思想政治教育的根本任务:培养能担当民族复兴重任的新时代青年,塑造德智体美劳全面发展的社会主义建设者与接班人。思想政治教育不仅涉及"应然性"的价值域——即教导学生辨识善恶、美丑,并基于此提出人应如何行动,还与"实然性"的自然科学相区分,后者聚焦事实与知识。

思想政治教育的最终目标是促进人的全面而健康的发展。马克思曾经指出,人不仅是自然存在的生物,更是具有自我意识的社会存在,是自身生活的创造者和主人。这种观点强调了教育的必要性,因为只有通过教育,人才能超越生物性,实现自我完善和自由发展。正如康德所言:"未经教育的人还不是一个完整的人。"人的发展没有终点,但教育可以指引人向着更完善的状态迈进,即个性化和自由化的全面发展。

提升思想政治教育的亲和力,关键在于将育人作为教育的首要任务,追求超越现实的价值理念,塑造和培养人。这种教育应当让教育者与学生都对教育目标产生共鸣,对教育内容感兴趣,对参与教育活动持欢迎态度。通过这样的教育活动,不仅能满足人的实际需求,还能激励人追求高尚的理想和价值信念,最终培养出具有全面发展的独立个性的人。

二、掣肘思想政治教育亲和力之困

（一）教育队伍的结构性分化

在当前大思政格局下，高校思想政治教育工作队伍涵盖学校党政干部、共青团干部、思想政治理论课教师、哲学社会科学教师、辅导员及班主任等多个角色。特别是辅导员，在日常思想政治教育中担任组织者、管理者和实施者的关键角色，对学生的成长和全面发展具有不可替代的影响。高校的思想政治教育任务是将立德树人作为核心，确保教育活动全过程都渗透思想政治教育，从而实现全过程和全方位育人。为此，构建一个结构合理、功能互补的新型高校思想政治教育生态系统变得尤为重要，关键在于加强教育队伍建设，并理顺队伍间的关系。

首先，需要明确辅导员与班主任的职责分界。根据《中共中央国务院　关于进一步加强和改进大学生思想政治教育的意见》，这两个角色被视为思想政治教育的骨干力量。实践中常见的问题是职责不清和任务重叠，导致工作效率和效果的不理想。因此，应明确各自的工作范围和专责，避免角色重叠和资源浪费，确保辅导员和班主任能有效协作，各司其职。

其次，辅导员与思想政治理论课教师之间应加强协作。这两个群体是高校思想政治工作的核心力量，必须打破各自独立作战的局面，形成协同育人的合力。目前，由于学科壁垒和职能分化，两者往往难以实现有效的教育连续性。高校应通过整合教育资源、优化教育流程来打通两者之间的协作渠道，实现教育的连贯性和整体性。

最后，解决思政课教育队伍中存在的结构性分化问题，是提升思想政治教育亲和力的关键。教育队伍的结构性问题不仅影响教育质量，还可能导致理论与实践的脱节。解决这一问题需要从顶层设计着手，优化教育队伍结构，强化跨学科、跨职能的教育协同，确保思政教育活动的每一个环节都能紧密连接，形成有效的教育闭环。

通过这些措施，不仅可以提高教育效果，还能显著增强学生对思政课的兴趣和接受度，从而培养出更多符合时代要求的优秀社会主义建设者和接班人。

（二）教育方法的切适性不足

马克思曾经指出："哲学家们只是以不同的方式解释世界，问题在于要改变世界。"这句话强调了从解释世界（即回答"是什么、为什么"的问题）到改变世界（即回答"怎么办、如何操作"的问题）的转变。在当前社会转型期，思想政治教育方法呈现出多样化的特点，尤其是随着新媒体的兴起和"后现代性"网络话语的形成，庞大的网络信息汇集于众，大学生的社交行为也从个体自由到群体分层发生了转变。教育工作者因此采用新的教育方法、话语表达和价值理念来吸引学生参与。

尽管如此，传统的思想政治教育方法仍然采取教育者主导的单向传播模式。这种模式未能有效演变为更现代的"多对多"的互动模式，教育者与青年学生之间常常存在思想和文化上的隔阂。这种隔阂可能导致高校思想政治教育方法出现适应性不足的问题，表现为传统与现代的冲突、解构与建构的困惑及矛盾。这不仅可能使教育者和学生之间的关系变得僵硬、对立甚至对抗性的，还可能阻碍思想政治教育的基本功能发挥，从而使得提升教育的亲和力成为一个遥不可及的目标。

因此，为了适应社会的变革和文化的发展，必须重新审视并优化传统的思想政治教育方法，推动从单向教育模式向多向互动模式的转变。这包括在教学策略上融入多样化的教育手段和平台，以及在内容上更贴近学生的实际需求和生活经验，从而有效缩减教育者与学生之间的思想和文化距离，提升教育的吸引力和亲和力。

（三）教育话语的断层性离场

在当今新时代的研究视野和理论框架下，思想政治教育话语亲和力显现为该教育领域的关键特征之一。思想政治教育话语在特定的语境中遵循语言规则和规范，用于交流、说服、描述和构建思想政治教育的内容以及主体间的观念和行为。这种话语系统不仅承载意识形态的主导作用，体现思想政治教育与话语的共生关系，而且必须以国家推崇的形式出现，服从主流意识形态的指导，旨在涵盖大众并传递特定的社会意识形态。此外，思想政治教育话语也展现出其非意识形态的一面，这部分不应被忽视，它继承了通用教育话语的功能，担负基本的传播任务。思想政治教育话语的这两个方面的融合，形成了一套符合该学科特点的话语体系。

然而，当前思想政治教育话语的困境在很大程度上限制了其亲和力的发展。具体而言，理论话语中意识形态的"主导权弱化"，缺乏应有的前瞻性和突破性；学术话语的"引导权式微"，表现为边缘化、滞后和移植化，使得思想政治教育过于学术化，难以接近其教育对象；实践话语的"管控权失落"，现代流行话语与传统话语、青年话语与长辈话语以及教育者和受教育者之间的平等话语存在明显隔阂。这导致传统的精英化、程式化、抽象化话语取代了大众化、生活化、具体化的表达，从而削弱了思想政治教育的感染力和亲和力。

三、思想政治教育亲和力三维生成之路

思想政治教育亲和力依赖于教育团队的协同力、教学方法的创新力以及教育价值的引领力，这些要素相互配合，共同作用于日常的思想政治教育活动中。它们通过整合教育活动的不同方面，重塑教育的整体性。这种整合关键在于解释思想政治教育的存在意义、实效性的可能性，以及确保思想政治教育在学术和实践领域中的目的性与规范性。这不仅涉及理论的深度逻辑分析，也涉及对现实问题的直接响应，同时确保思想政治教育的活动在正确的理论和实践框架下展开。

（一）教育队伍的整合力

思想政治教育亲和力的提升核心在于思想政治教育工作队伍的高效整合。目前，随着制度环境的变化，原有制度在新环境下显得不够适应，导致制度效率下降，进而可能引起思想政治教育队伍建设的边际效应递减现象。

首先，采用历史唯物主义的总体性观点来全面把握和分析队伍建设的内在规律，可以激发教育者对"整体的人"的追求，使他们成为有责任感并愿意为未来贡献的人。通过引导党团干部、辅导员、班主任和思政课教师等团队在各自主导的领域中整合资源，有效发挥育人功能。依据"大思政"工作的格局和思路，政策制定者需要从"培养什么人、如何培养人、为谁培养人"的角度出发，制定一系列科学有效的政策，从而为思想政治教育队伍提供更多、更清晰、更合理的支持，确保队伍的分工明确、职责清楚。这样可以有效地扩展思想政治教育的实践空间，并为建立一个协同育人的新格局打下基础。通过问题导向的方法，结合正向和逆向思维，对实际存在的问题提供政策支持和制度保障，通过研讨、报告会、讲座和交流等多种形式完善培训机制。同时，建立一个科学合理的考核评估体系，通过与薪酬和职称晋升挂钩的考核结果，激发教育队伍的积极性、主动性和创造性。

其次，思想政治教育亲和力的提升代表了一种新的教育理念。在当前推广课程思政的背景下，包括将各专业课教师纳入思想政治工作队伍，通过他们的隐性教育，将

正确的价值追求和理想信念植入专业课程中，无声地传递给学生。这样不仅能够构建一个由思想政治理论课教师、辅导员和专业课教师组成的三位一体的教育队伍体系，还能增强教育队伍的影响力和整合力，形成一个共同的思想政治教育体，从而真正提升思想政治教育的亲和力。

（二）教育方法的优化力

思想政治教育的方法是建立教育者与受教育者之间关系的重要纽带。列宁在《哲学笔记》中引用黑格尔《逻辑学》的观点指出，方法作为一种工具，是主观与客体建立关系的手段。在思想政治教育中，教育者通过教学方法与学生建立教育和被教育的联系。这种方法的纽带作用在形成特定的教育关系中非常关键，也是增强思想政治教育亲和力的关键因素。

马克思曾提到，自然力作为生产过程中的要素，其效能的发挥程度依赖于各种方法和科学的进步。类似地，适当的教育方法可以促进思想政治教育的其他要素发挥作用，增强教育者与学生之间的有效交流和教育关系的建立，激发学生参与思想政治教育活动的积极性，增强他们的自我效能感。

首先，教育方法的优化必须考虑教育者的适应性。方法虽具有客观性，但其应用效果受教育者特性的影响。教育者应根据学生的具体情况施教，利用个性化的教学策略吸引和影响学生，使他们在非权威的环境中受到启发和感染。

其次，教育方法的优化也必须适应受教育者。思想政治教育方法的确定应基于教育的目的和任务，以及人的思想形成和发展的规律。教育方法应与思想政治教育的目标紧密结合，确保能有效传达所承载的价值观；同时，选择的教育方法也需与具体的教学内容、情境特征及学生的接受方式相协调。这样的教育方法优化有助于促进学生与教育者之间的积极互动，激发学生的主动接受性，增强教育的针对性和实效性，从而有效提升思想政治教育的亲和力。

（三）教育价值的超越力

价值概念属于"应然"类别，围绕这一概念形成了一个价值链。在思想政治教育中，价值不仅是起点也是终点，对整个教育体系有着统摄作用，是最关键的决定因素之一。研究思想政治教育的亲和力价值是对其存在意义的哲学探讨，同时涉及对其地位和作用的理论提升。这种研究对于增强教育的实效性和认同感至关重要，它还满足了人的自由全面发展和社会进步的需求。

思想政治教育的"善"属性体现了其内在的实体价值，即教育亲和力与受教育者的需求和利益相一致。提升思想政治教育亲和力的必要性和合理性不仅基于其合理性，还因其情感上的合理性，这种需求的满足与教育目标的统一密切相关。思想政治教育的亲和力具有重要的价值形态，主要体现在理想性和人本性两个方面。

理想性价值是一种目标价值，存在于现实之上，并具有超越性。它基于现实世界的同时，深入探寻可能的世界。它体现的是"应然"而非"实然"的概念。正是这种理想与现实的对立运动推动了思想政治教育的实践，不断促进人类向前发展，给受教育者带来持续的激励和鼓励，促使他们不断自我完善和升华。作为一种旨在塑造受教育者良好政治素养的活动，思想政治教育固有的理想性价值反映了其根本目标的实现，对个人和社会发展产生积极影响。

人本性价值是另一个核心价值属性。习近平总书记强调，思想政治工作本质上是关于人的工作，涉及培养什么样的人、如何培养人及其目的问题。这是新时代对思想政治教育价值观的新论述和解释，基于人学范式，关注人作为社会主体的价值，探索思想政治教育与人的价值关联。这种教育关注人的全面发展和社会的进步，试图在更高层次上实现思想政治教育价值、人的价值和社会价值的有机结合和统一。

实现思想政治教育亲和力的人本性价值应当从两个重要方面入手：首先，教育应真正尊重学生的个体需求。思想政治教育旨在培养具有主体意识、主体人格和主体行为的全面发展之人，这种教育形式强调的是培养"完整的人"，而亲和力正是实现这一教育目标的手段、方法和理念。其次，应激发学生对自由的本质追求。提升亲和力不应局限于传统的单向度教育模式，如"我讲你听"，而应以马克思关于"完整的人"的理论为核心，提倡"最大化主体性"和"超越物质欲望的全面发展"。

马克思曾将社会发展分为三个阶段：从人的依赖性到物的依赖性，再到人的个性和自由人联合体的阶段。这一转变不仅减少了人对物质的依赖和占有，而且强调了人的自由和个性的发展，这是历史发展的必然趋势。思想政治教育亲和力的提出和实践，目的在于树立和强化以"人"为中心的教育观念，最大限度地彰显人的价值，努力实现教育的高级形态，回归到育人的根本，实现思想政治教育价值的理想境界。

第五章　当代大学生思想政治教育的方法创新

第一节　网络与新媒体在思想政治教育中的应用

在当今时代，网络与新媒体已经成为信息传播和社交互动的主要平台，极大地影响着人们的日常生活和学习方式。这种技术的迅速发展和广泛普及，特别是在年轻一代中，已经不仅仅是一个技术现象，更是一种文化和社会现象。随着智能手机、平板电脑和个人电脑的普及，大学生可以轻松访问丰富多样的信息资源和交流工具，这在很大程度上改变了他们获取信息和与世界互动的方式。

网络和新媒体的普及为教育提供了新的方法和途径，尤其是在思想政治教育领域。思想政治教育是培养学生社会责任感、历史使命感和理想信念的重要途径，对于塑造学生的世界观、人生观和价值观具有不可替代的作用。然而，随着信息时代的到来，传统的教育方法面临着种种挑战，学生的注意力和兴趣也变得更加分散。因此，利用网络和新媒体的特性，如即时性、互动性和视觉影响力，可以有效提高思想政治教育的吸引力和影响力。

一、网络与新媒体概述

网络与新媒体是当代技术进步和文化发展的重要标志，它们涵盖了通过电子和数字技术进行信息的创建、传播和消费的所有媒介。具体来说，网络指的是全球性的计算机网络系统，即互联网，它通过无数的私人、公共、学术、商业和政府网络连接起来，形成了一个广泛的信息交换网络。而新媒体则通常指的是利用数字技术进行内容创造和传播的媒介，如社交网络平台、博客、微博、视频分享站点等。

在现代社会中，网络和新媒体的普及程度极高，已经成为人们日常生活中不可或缺的一部分。据统计，全球互联网用户数量已超过 45 亿，这意味着超过半数的世界人口在使用互联网。新媒体平台如抖音、快手、微信、微博等的用户数更是以亿计，这些平台不仅改变了人们的交流方式，也重塑了信息的传播路径和社会互动的模式。

网络和新媒体的核心特点包括即时性、互动性和广泛性。即时性体现在信息的传播速度极快，用户可以几乎实时地接收到来自世界各地的新闻和信息，这在很大程度上缩短了人们对事件的反应时间。互动性则是指用户可以直接参与到信息的评论、分享和讨论中，这种双向或多向的交流方式极大地增强了媒体内容的参与感和影响力。最后，广泛性则表现在网络和新媒体能够跨越地理和文化的界限，使得信息能够迅速而广泛地传播到世界的每一个角落。这些特点不仅使网络和新媒体成了信息传播的主要渠道，也让它们成为影响公众意见、文化趋势和政治动态的强大力量。

二、网络与新媒体在思想政治教育中的作用

（一）信息传播的加速器

网络技术的核心优势之一在于其加速信息传播的能力，极大地扩展了信息的传播速度和范围。在思想政治教育领域，这一特性使得教育内容能够迅速而广泛地达到广大的学生群体，增强了教育的时效性和广泛性。例如，利用新媒体平台如微博、微信和抖音，教育者可以即时发布最新的政治理论、政策解读及时事评论，这些内容能够在短时间内被数以百万计的用户所浏览和讨论。这种即时性不仅保证了信息的快速传播，还通过社交媒体的网络效应，使得重要教育内容能在极短的时间内达到巨大的传播覆盖率。

在大事件或国家重要时刻，通过这些平台快速传播官方信息和权威解读，确保了信息的准确性和时效性，也扩大了思想政治教育的影响力。例如，在国家法定节假日或重大政治事件发生时，新媒体平台能够迅速组织和发布与事件相关的教育材料和政策解析，帮助学生及时获得准确的信息并正确理解事件的政治意义。此外，这些平台还能够提供一个互动的学习环境，学生可以通过评论、提问等方式参与到讨论中，进一步增进对事件的理解和分析。

这种教育方式与传统的面对面教学或通过传统媒体如电视和广播传播信息相比，具有无可比拟的速度和范围。通过新媒体平台，思想政治教育能够超越时空限制，使

得即便是在偏远地区的学生也能实时接收到与城市学生相同的教育资源和信息，从而大大提高了思想政治教育的普及率和影响力。这不仅有助于形成统一的国家意识形态和价值观，也为社会的和谐与稳定提供了强有力的思想基础。

（二）互动性与参与感的增强

新媒体的另一个显著特点是其高度的互动性。在传统教育模式中，学生通常是被动接收信息的一方。然而，新媒体平台提供的评论、点赞和分享功能，使得学生能够直接参与到思想政治教育的内容讨论中去。这种参与不仅增强了学生的学习动机，也提升了他们对内容的关注度。更重要的是，通过参与讨论，学生能够表达自己的观点，与他人交流思想，这有助于他们对教育内容形成更深入的理解和批判性思考。例如，在讨论国家政策的社交媒体帖子下，学生们可以通过评论交流自己对政策的理解和看法，通过这种方式，思想政治教育变得更加双向和动态。

此外，这种互动性还允许教育者实时监测学生的反馈和参与度，从而更有效地调整和优化教育内容。教师或教育工作者可以根据学生的问题、评论或讨论的热点，提供更具针对性的信息和解释，确保学生不仅接收信息，而且能够理解和吸收这些知识。这样的实时互动有助于构建一个更加活跃和参与感强的学习环境，使学生感觉自己是教育过程中的主体，而不仅仅是被动的接受者。

互动性还鼓励学生批判性地思考所学内容，而不是简单地接受。在社交媒体平台上，当学生在讨论和评论政策或理论时，他们往往需要进行信息的搜集和分析，以便在讨论中提出有根据的观点。这种过程促使学生不仅仅在知识接受层面上思考，更在分析和批判层面上深入探讨，从而提高了他们的思维能力和批判性思维技能。

最终，通过新媒体平台的互动性，思想政治教育的传递变得更加多元和富有吸引力，吸引更多学生主动参与到学习和讨论中来。这不仅有助于学生更全面地理解和吸收思想政治教育内容，还能够激发他们的思考和创新，培养他们作为未来社会成员的责任感和批判精神。

（三）定制化与个性化教育的实现

网络与新媒体的发展不仅革新了信息传播的方式，也极大地促进了教育方法的创新，特别是在实现教育内容的定制化和个性化方面。这些技术使得教育者能够通过分析学生的在线行为，如浏览记录、参与讨论的频率和偏好等数据，来深入了解每个学生的学习需求、兴趣点和学习风格。这种数据驱动的方法允许教育者开发和提供更符合个别学生需求的教育资源，从而大大增强教学的针对性和效果。

例如，通过分析学生在网络平台上的活动，教育者可以识别出学生对某些政治事件或理论的兴趣程度。基于这样的分析，智能推荐系统能够自动向学生推送他们可能感兴趣的相关政治论文、视频讲座或新闻报道。这种推送不仅是基于学生的浏览历史，还可能包括他们在论坛或评论区的互动数据，如经常讨论或点赞的特定主题。

这种基于用户行为和偏好的内容推送策略，不仅使学生能够接触到更加相关和吸引人的教育资源，还大大激发了他们对学习的主动性和热情。学生不再感觉自己是被动地接受知识，而是成为学习过程中的主动参与者，这种参与感和主动性是传统教育模式难以实现的。

此外，个性化的教育内容也帮助学生在学习过程中构建更为紧密的知识联系和应用能力，因为他们可以通过系统推荐深入探索自己感兴趣的领域，进一步研究相关主题或扩展到新的相关领域。这不仅提升了学习的深度和广度，也提高了学习效率和学术成就感。

总之，网络与新媒体通过提供个性化和定制化的学习体验，使得思想政治教育更加贴近学生的实际需要，提升了教育的个性化水平和整体效果。这种教育模式的转变不仅提升了学生的学习动力和参与度，也为思想政治教育的深入推广和实施开辟了新的途径。

三、网络与新媒体教学方法的主要形式

（一）在线视频与直播教学

在线视频和直播教学已经成为现代网络教育的核心组成部分，特别表现在大规模开放在线课程（MOOCs）和微课程的普及。平台如 Coursera 和 edX 等提供了一个教育内容丰富的环境，覆盖了从基础政治理论到复杂国际关系分析等多个学科领域。这种格式使得高质量的教育资源得以超越传统的地理和经济限制，为全球学生提供了前所未有的学习机会。

视频教学的一大优势在于其极强的灵活性和可访问性。学生们可以自主选择学习

的时间和地点，按照个人的学习节奏进行课程的进度调整。此外，视频课程允许学生对难以理解的部分进行多次回放，从而增强了学习的深度和效果。这种自主学习的方式不仅适应了现代人忙碌的生活节奏，也符合个体化学习的需求，学生能够根据自己的具体情况和兴趣选择合适的课程内容，实现真正意义上的"按需学习"。

与在线视频教学相辅相成的是直播教学，这种方式通过实时互动极大地增强了教学的参与感。在直播课程中，教师可以即时响应学生的提问，与学生进行面对面的交流，这种实时的反馈机制对于解决学生的疑惑极为有效。更重要的是，直播教学能够创建一个类似传统课堂的学习氛围，让远程学习的学生感受到课堂的活跃气氛。

此外，直播教学特别适合用于处理时效性强的内容，如当前政治事件的分析或国际热点问题的讨论。这种格式不仅能够即时传递最新的学术观点和信息，还能引发学生之间的讨论和思考，从而使学习过程更加动态和引人入胜。直播的互动性不仅限于问题解答，教师还可以通过投票、实时讨论等方式，调动学生的参与积极性，进一步增强他们对课程内容的兴趣和学习的主动性。

综上所述，在线视频和直播教学为思想政治教育提供了一种新的教学模式，这种模式通过其灵活性、互动性和时效性，显著提高了教育的质量和效果，使学习成为一种更加个性化和参与感强的体验。

（二）社交媒体与论坛

社交媒体平台如微博、微信、QQ 等已成为现代思想政治教育中不可或缺的工具。这些平台极大地促进了思想交流和信息共享，使学生能够在一个较为轻松和非正式的环境中讨论政治理论和当前事件。教育者可以利用这些平台发布最新的教学内容，提供课外阅读材料或链接，以及发布与课程相关的讨论题和问题。通过这种方式，教师不仅能够引导讨论的方向，还能实时监测学生的参与情况和反馈，进而根据学生的反应调整教学策略和内容。

同时，社交媒体也提供了一个平台，让学生能够与更广泛的群体进行互动。例如，在微博上，学生们可以参与到更大范围的社会政治话题中，与不同背景的人交流意见，这种多元化的交流有助于拓宽学生的视野，增强他们对不同文化和政治观点的理解和尊重。

论坛和评论区则为学生提供了一个更为专注的讨论环境，使他们能够深入地表达个人观点，参与到更深层次的辩论和讨论中。在这些平台上，学生可以详细地阐述自己的政治见解，批判性地分析政策的利弊，或者对某一政治事件进行深入讨论。这种互动不仅锻炼了学生的论证和辩论技能，也加深了他们对政治理论和实际操作的理解。

更重要的是，通过这些讨论和辩论，学生能够学习如何在尊重他人观点的基础上，提出并捍卫自己的见解。这不仅有助于培养学生的批判性思维能力，也促进了他们对社会政治问题的深入理解和个人责任感的形成。因此，社交媒体和论坛成了思想政治教育中一个重要的互动和学习平台，通过这些工具，教育者能够更有效地进行教学，而学生则可以在更广泛的社会文化背景中发展和完善自己的政治观点和思维方式。

（三）博客与微博

博客和微博平台为个人思想表达和政治观点分享提供了一个极为有效的空间，使学生和教育者能够自由地表达和交流思想。学生可以通过撰写博客文章深入探讨特定的政治理论、政策分析或社会事件，这种活动不仅允许他们发展自己的分析能力，还提升了写作和批判性思维能力。例如，学生可以通过写作博客来论述一项国家政策的利与弊，或对一个正在发生的国际事件进行深入分析，这种方式使得他们的思考更加深入和系统。

同时，微博等社交媒体平台由于其快速分享的特性，能够使得优秀的文章或观点迅速传播至广泛的听众中。这不仅提升了学生作品的可见度，还鼓励了他们参与到更广泛的社会对话中，促进了公共讨论的多样性和活跃度。此外，学生通过关注不同背景的政治评论者和学者，能够接触到多种观点，从而丰富自己的认知和理解。

对于教育者而言，博客和微博提供了一个宝贵的机会来影响和塑造学生的政治见解和价值观。教育者可以通过发布精心准备的内容、参与在线讨论以及回应学生的查询，有效地引导学生的思想方向和价值取向。此外，教育者可以利用这些平台来发布教学材料、案例研究和最新的研究成果，使学生能够及时获取并吸收最前沿的学术资源和信息。

更进一步地，通过博客和微博，教育者能够在学生中建立起权威和影响力，从而有效地促进理想的政治态度和行为的形成。这种影响力不仅限于学术界，通过网络的扩散效应，也能触及更广泛的公众，从而扩大教育的影响范围和深度。这些平台的互动性和即时性也为教育者提供了即时反馈，使他们能够更好地了解学生的反应，调整教学策略以适应学生的需求和社会的变化。总之，博客和微博作为现代数字时代的重要教育工具，不仅促进了学生的个人发展，也增强了教育者的教学效果，是思想政治教育领域中不可或缺的一部分。

四、网络与新媒体教学方法的实施策略

（一）内容的精准定制和推送

在网络与新媒体环境下，教学内容的定制化和个性化推送是提升学习效果的关键策略。通过分析学生的学习背景、兴趣和需求，教育者可以设计更符合学生期望的课程和材料。这一过程中，数据分析技术扮演着重要角色。利用学生的在线行为数据，如学习进度跟踪、参与度评估和成效反馈，可以有效预测学生的学习偏好和潜在需求。

例如，通过分析学生在线上课程的互动数据，教育者可以发现哪些内容受到学生的欢迎，哪些内容需要改进。这种数据驱动的方法不仅可以帮助教育者调整教学策略，还能够通过个性化推荐系统，向学生推送他们最感兴趣的相关教学资源，从而提升学习的主动性和深入性。

这种精准定制和推送的过程充分利用了大数据和机器学习技术，使得教育内容不仅限于传统的一刀切模式。现代教育技术能够根据每个学生的具体表现、偏好和反馈，动态调整教学内容和难度，从而实现真正的个性化学习体验。例如，如果数据显示一名学生在特定的政治理论部分表现出高度兴趣和参与度，系统可以自动推荐更多相关的高级材料或者进阶课程，进一步激发学生的探究精神和学习热情。

此外，这种方法也支持实时反馈的机制，教育者可以即时获得学生学习状态的更新，对教学方法进行微调。例如，如果分析结果显示大部分学生在某个具体概念上存在理解难题，教师可以快速调整教学计划，加入更多相关示例或者组织相关的讨论会，以帮助学生克服难点。

总之，网络与新媒体的普及为教育提供了前所未有的数据资源和技术支持，使得教育者能够更深入地了解学生，更精准地满足他们的学习需求，从而显著提升教育的质量和效果。通过这些高级的分析工具和策略，教育者不仅能够增强教学的适应性和灵活性，还能在过程中培养学生的自主学习能力和批判性思维技能。

（二）互动与反馈机制的优化

有效的互动和反馈机制是网络教学成功的另一关键因素。构建一个有效的在线反馈和互动系统可以极大地增强学生的学习体验和教育效果。这包括实时问答、讨论区的设立、互评作业以及定期的在线直播讨论等。

例如，通过设置实时聊天室或论坛，学生可以即时提出问题并获得反馈，也可以与其他学生交流想法，分享学习经验。这种即时的互动不仅缩短了学生与教师之间的沟通距离，也促进了学生之间的协作与互助，为学习社区的建立提供了有力支持。实时聊天室和论坛使学生能够在遇到困难时快速获得帮助，也为更深入的讨论提供了平台，这些都是传统教学环境中难以实现的。

此外，定期的在线直播讨论可以增强学生的参与感，使远程学习更加互动和引人入胜。直播讨论不仅允许学生实时提问和参与到讨论中，还可以使教育者通过观察学生的反应来调整教学策略，使其更加符合学生的实际需求。这种教学形式特别适合讨论复杂的概念或者当前的热门话题，它鼓励学生积极思考并参与到学习过程中，从而提高了学习的动力和效果。

教育者可以利用这些工具实时了解学生的学习状态和问题，及时调整教学内容和方法。通过对学生互动数据的分析，教育者可以识别出哪些部分的教学可能需要改进，哪些资源被学生频繁访问，从而更精准地提供支持和资源。例如，如果多数学生在某个特定的主题上提出了问题，教师可以安排额外的复习课程或者提供更多的学习材料来帮助学生掌握这一主题。

总之，通过有效的在线互动和反馈机制，网络教学能够为学生提供一个支持性强、参与度高的学习环境。这不仅增强了学生的学习效果，也优化了教育资源的分配和利用，使得远程教育更具吸引力和效率。

（三）教育资源的整合与共享

网络资源的整合与共享是实现教育公平和提高教育效率的重要手段。开放教育资源（OER）提供了一种无障碍共享高质量教学材料的方式，特别适用于思想政治教育领域，这些资源包括开放许可的教科书、课件、视频讲座等。

利用OER，教育者可以获得广泛的教学资源，进行重新组合或调整以适应自己的教学需求。同时，学生可以从全球的教育资源中获益，无论他们的地理位置如何。这种资源的共享不仅增强了教育的多样性和丰富性，还促进了国家间的教育合作和知识交流。

开放教育资源的实施带来了诸多益处。首先，它极大地降低了获取高质量教育材料的成本，使得不论经济条件如何，所有学生都有机会访问到最新的学术资源和最先进的学习工具。这种普及性特别对于资源不足的地区来说，是一种极大的教育民主化步骤。

其次，OER 的使用鼓励了教育内容的创新与更新。教育者可以根据自己的具体教学情境选择、修改或整合各种开放资源，这不仅增强了教学的灵活性，也激励了教师们进行教育实践的实验和创新。此外，OER 通常是由教育界的专家和学者共同创建和审核，这保证了教学内容的质量和权威性。

此外，OER 还促进了全球教育的协作与共享精神。学生和教师可以通过这些资源相互学习，跨文化交流，理解不同国家和地区在思想政治教育方面的不同视角和方法。这种国际化的学习环境有助于培养学生的全球视野和批判性思维，使他们更好地准备面对全球化的世界。

综上所述，开放教育资源的整合与共享不仅有助于提升教育资源的使用效率和降低教育成本，还为全球学生和教育者提供了一个协作、创新和共享的平台，极大地推动了教育公平和教育质量的提升。通过精准的内容定制、优化的互动反馈机制和资源的有效整合与共享，网络与新媒体为思想政治教育带来了前所未有的发展机遇，极大地提升了教育的质量和效率。

第二节 互动式与体验式教育方法

互动式教育方法侧重于学生与教师之间，以及学生与同伴之间的动态互动。这种方法强调参与、沟通以及通过实际交流促进学习的过程。具体来说，它涉及讨论、团队合作项目、角色扮演和实时反馈等活动，旨在通过积极参与来加深学生的理解和学习体验。

体验式教育方法则更多地关注于通过直接经验来学习。它是一种让学生通过实际操作、观察以及参与相关活动来获取知识的教育方式。这种方法通常包括实地考察、模拟场景、实习和其他形式的实践活动，使学生能够在真实或模拟的环境中学习并应用理论知识。

一、互动式与体验式教育在思想政治教育中的重要性

在思想政治教育领域，互动式与体验式教育方法具有特别的重要性。这些方法能够有效地提高学生的参与度和兴趣，使他们不仅仅是被动接受知识，而是成为学习过程的积极参与者。通过互动式学习，学生能够更好地理解复杂的政治概念和理论，因为这种方法鼓励他们通过讨论和合作来挑战和验证自己的想法。此外，体验式学习使学生有机会直接观察和参与政治过程，从而更深刻地理解政治理论的实际应用，如通过模拟联合国等活动深入学习国际关系和外交政策。

此外，这些方法有助于培养学生的批判性思维和解决问题的能力，这在当前快速变化的政治环境中尤为重要。通过实际的互动和体验，学生能够学会如何分析信息，形成独立的见解，以及如何在讨论中有效地表达和捍卫自己的观点。这不仅提升了他们的学术技能水平，也为他们将来在公共生活中作出贡献打下了坚实的基础。

综上所述，互动式与体验式教育方法通过促进学生的深入参与和实际体验，极大地增强了思想政治教育的效果和吸引力，帮助学生建立起对政治学科的浓厚兴趣和持久的承诺。这些方法的实施不仅能够提高教育的质量，还能够为培养具有高度社会责任感和政治参与意识的公民奠定坚实的基础。

二、互动式教育方法

（一）概念与特点

互动式教育方法强调学生与教师之间以及学生相互之间的互动和沟通，这种方法促使学生积极参与学习过程，通过对话、讨论和协作来深化对知识的理解。在思想政治教育中，互动式教学特别有效，因为它鼓励学生探索和讨论政治理论、历史事件和当前事务，使得这些通常抽象的概念变得更加具体和可理解。

这种方法的特点包括但不限于促进批判性思维、增强理解和记忆以及提高学生的沟通能力。通过互动，学生不仅学习到书本知识，还能学习如何表达自己的观点，听

取并理解他人的观点，这在政治学习中尤为重要。

1. 互动式教育方法的优势

（1）促进批判性思维：互动式教学鼓励学生不仅接受信息，而且对信息进行分析和评估。在思想政治教育中，这一点尤为关键，学生通过讨论和辩论，能够更深入地理解政治理念的多样性和复杂性。

（2）增强理解和记忆：通过互动和实际参与，学生可以将理论知识与现实世界联系起来，从而更好地理解和记住教育内容。例如，通过模拟联合国会议，学生可以亲身体验国际政治过程，这种体验使得抽象的外交政策和国际关系的概念更加具体和生动。

（3）提高沟通技能：在互动式教学中，学生必须表达自己的观点，并倾听其他人的意见。这种教学方法不仅提高了学生的口头和书面表达能力，还锻炼了他们的倾听和同理心能力，这些都是现代公民所需要的关键技能。

2. 实施互动式教育的策略

（1）小组讨论：教师可以安排学生进行小组讨论，每个小组负责探讨一个特定的政治理论或当前事件。通过小组内部的讨论和整个班级的分享，学生可以从多个角度了解问题，增强理解的全面性。

（2）角色扮演和模拟活动：角色扮演和模拟活动如模拟法庭、议会辩论等，可以让学生身临其境地体验政治决策过程，从而深化对政治结构和政策影响的理解。

（3）互动式技术工具的使用：利用互动式技术工具，如在线论坛、响应系统和多媒体资源，可以使课堂更加生动活泼。这些工具不仅增加了学生的参与度，还使得学习过程更加灵活和有趣。

通过上述方法，互动式教育能够有效地提升学生的学习动力和学习效果，特别是在思想政治教育中，能够有效地将抽象理论与学生的日常生活和实际经验相连接，提高教育的实际影响力。

（二）实施策略

在课堂教学中实施互动式教育首先需要教师创建一个开放和包容的学习环境，鼓励学生表达自己的思想并积极参与到课堂活动中。例如，教师可以组织定期的讨论和辩论，让学生围绕特定的政治理论或当前事件分享他们的看法。这些讨论可以是非正式的，也可以是形式化的辩论，其中学生需要进行深入研究并准备他们的论点。

角色扮演也是一个有效的互动教学策略，特别是在处理历史事件或解释复杂的政治过程时。通过扮演历史人物或政治决策者的角色，学生可以更好地理解这些人物的动机、挑战和决策过程，从而深化对政治动态的理解。

此外，随着技术的发展，线上互动工具成为扩展课堂互动的重要方式。教育论坛、在线问答以及虚拟讨论组允许学生在非正式的设置中继续他们的讨论，增强了学习的灵活性和可达性。这些工具不仅使得学生能够在课堂之外继续学习和讨论，还使远程学生也能参与到互动中来。教师可以利用这些平台发布额外的学习材料，提出讨论问题或组织在线讨论会，帮助学生进一步探讨课程主题。

通过这些策略的实施，互动式教育不仅能够提高学生对思想政治教育内容的兴趣和参与度，还能够促进他们的全面发展，特别是在提高沟通、批判性思维和团队协作能力方面。

（三）常用的互动式教学工具

（1）使用多媒体和交互式工具：整合视频会议软件和协作工具（如 Zoom，Teams，或 Google Classroom）来促进实时的视听互动，这些工具可以帮助模拟面对面的教学环境，让远程学习变得更加亲和，更具参与性。

（2）建立在线社区：利用论坛和社交媒体平台建立专门的学习小组或社区，鼓励学生就课程内容发布帖子、分享链接和视频，以及进行群体讨论，这样的平台可以帮助学生在课堂外构建知识社群，增强学习的连续性和社交互动。

（3）开展虚拟实践活动：教师可以设计模拟联合国、模拟法庭、议会模拟等活动，这些活动让学生身处其中，从实践中学习政治谈判、法律制定过程等。模拟活动不仅增强了课堂的趣味性，也让学生有机会在一个较为真实的环境中测试和应用他们的知识和技能。

（4）定期在线反馈和评估：实施定期的在线测验和评估以监控学生的进步，使用自动化工具收集学生作业和反馈，以便教师可以及时调整教学内容和策略。这种方法的即时反馈机制对于提升学生学习效率和教学质量至关重要。

通过充分利用这些线上工具和策略，教师可以极大地增强思想政治教育的亲和力和实效性，使其更加符合现代教育需求和学生的期望，从而更有效地培养具有批判性思维和高度社会责任感的新时代公民。

（四）互动式教育方法的成功要点

1. 创建开放的沟通环境

成功的互动式教育首先需要一个支持开放讨论的环境，其中学生感到自己的意见被尊重和欣赏。教师应鼓励所有学生表达自己的观点，同时培养他们倾听和接纳不同意见的能力。这不仅促进了知识的深入交流，还有助于培养学生的批判性思维和互相尊重的态度。在课程开始时，明确设定支持开放沟通的课堂规则，如公平发言时间、反对人身攻击、鼓励提问和反馈。确保所有学生了解这些规则，并理解它们对建设性讨论的重要性。教师应通过模范行为来培养一个包容的课堂文化，例如，积极示范如何礼貌地表达和接受批评，如何从不同的意见中寻找共识，以及如何处理冲突。这种文化让所有学生都感到安全，表达自己的意见，即使是那些可能与主流观点相左的意见。采用圆桌讨论的布局，让每位学生都在同一个视线水平，消除传统的"教室前方"设定，促进学生之间的直接对话。这种布局有助于弱化教师的权威位置，增加学生之间平等交流的机会。在讨论和课程内容中有意引入多种视角，包括不同的文化、政治和社会观点。这种多样性不仅丰富了课堂讨论，也准备学生面对全球化世界中的复杂问题和多样化人群。教师应利用课后反馈来评估课堂讨论的有效性和学生的参与度。根据学生的反馈调整教学方法和内容，确保教育活动满足学生的需求和期望，同时维护开放和尊重的讨论环境。

通过这些策略，教师可以创建一个促进深入学习和个人成长的沟通环境，使互动式教育方法在思想政治教育中更加有效，帮助学生在尊重和理解的基础上形成自己独立和批判性的思考能力。

2. 使用有效的互动工具和技术

选择合适的互动工具是增强教学互动性的关键。这可以包括实体工具如响应系统（点击器）和虚拟工具如在线论坛、实时聊天室等。利用技术手段可以极大地提升学生的参与度，特别是在大型课堂或在线课程中，技术工具能有效管理学生的反馈和参与。以下是一些供参考的教学互动工具。

（1）响应系统（点击器）：使用响应系统，教师可以实时收集学生对课堂提问的反馈。学生通过点击器回答问题，教师即刻获得反馈，这样既增强了学生的参与感，也让教师能够立即调整教学策略，针对学生的理解差异进行即时教学。

（2）互动白板：互动白板技术可以使得图像、视频和互动内容结合，提供更为丰富的视觉和操作体验，促进学生在视觉和触觉上的学习。

（3）学习管理系统（LMS）：如 Moodle、Blackboard 等，这些平台集成了讨论板、成绩管理、课程内容发布等功能，可以极大地增强教学的组织性和系统性。

（4）云端协作工具：如 Google Classroom、Microsoft Teams 等，可以用于分配任务、跟踪进度和促进学生之间及与教师之间的即时通信和文件共享。

（5）反馈收集工具：如 SurveyMonkey、Google Forms 等，教师可以利用这些工具收集学生对课程的反馈，以及对特定教学方法的看法和建议。

通过以上策略的实施，互动式教育不仅能够提高学生对思想政治教育内容的兴趣和参与度，还能够促进他们的全面发展，特别是在提高沟通、批判性思维和团队协作能力方面。这些工具和技术的综合使用，可以显著提升教学效果和学生满意度，进而强化思想政治教育的实效性和亲和力。

3. 结合多样的教学活动

为了保持学生的兴趣和动力，将多种互动活动融入课程是非常必要的。这些活动可以包括小组讨论、角色扮演、互评作业、案例研究分析等。多样化的教学活动不仅可以满足不同学习风格的学生的需求，还能使学习内容更加生动有趣。

（1）小组讨论：小组讨论促进学生之间的思想交流和观点碰撞，可以围绕特定主题如政治理论、社会问题等进行。教师可以指派不同的讨论主题给不同小组，或者让学生自选主题，以增强学生的参与感和责任感。通过分组使学生来自不同背景和观点，可以丰富讨论内容，提高讨论的深度和广度，从而增强学习的效果。

（2）角色扮演：角色扮演活动通过让学生扮演不同的历史或政治人物，来探讨特定的历史事件或政治决策。这种方法可以帮助学生更深入地理解人物的心理和行为动机，以及不同的政治理论和实践如何在实际中应用。教师可以设计具体情境，如模拟联合国会议、国家领导人峰会等，让学生在角色扮演中实际操作和思考，提升其实践解决问题的能力。

（3）互评作业：通过互评作业，学生不仅能从他人工作中学习，还能通过评估他人的工作来复习和巩固自己的知识。这种方式可以培养学生的批判性思维和公正性。互评也提供了反馈，帮助学生了解自己在群体中的学习状态和进步空间，教师可以使用这些反馈调整教学策略和内容。

（4）案例研究分析：案例研究分析使学生能够将理论与实际相结合，通过分析真实或构造的案例，理解理论的实际应用。这种方法特别适合复杂和多变的政治场景，可以提升学生的现实世界理解能力。案例分析可以是个人或小组项目，教师可以选择与课程内容相关的历史事件、当前政治争议或政策变动等作为分析对象。

通过结合这些多样化的教学活动，思想政治教育可以变得更加动态和引人入胜。这不仅有助于维护学生的高参与度和动力，还能通过不同形式的互动和实践活动，全面提高学生在思想政治领域的理解和应用能力。

4. 定期反馈和评估

定期的反馈对于互动式教学的成功至关重要。教师需要定期评估互动活动的效果，了解哪些方法最有效，哪些需要改进。此外，向学生提供及时的、建设性的反馈可以帮助他们理解自己的进步和需要加强的领域。

（1）设定反馈周期：教师应设定一个明确的反馈周期，例如每两周或每个模块后进行一次，以确保学生及时获得反馈，并能够在下一个学习阶段之前进行适当的调整。反馈周期的频率也可以根据课程的内容和学生的需求进行调整，确保反馈既不过于频繁导致反馈质量下降，也不过于稀少导致学生感到不被重视。

（2）多维度评估方法：教师可以采用多种评估方法来衡量互动效果，如自我评估、同伴评估、小组讨论总结等，这些方法可以从不同角度反映互动式教学的成效。结合定量（如参与度评分、完成任务的正确率）和定性（如学生反馈、教师观察）的数据，可以更全面地评估教学方法的有效性。

（3）实施建设性反馈：教师需要提供具体、针对性强的反馈，帮助学生明白自己在哪些方面做得好，哪些方面需要改进。例如，不仅告诉学生他们在讨论中表现活跃，还要指出其论点的逻辑性如何加强。建设性反馈应当及时且具体，避免使用模糊不清的语言，使学生可以具体知道如何去改进。

（4）反馈的形式和工具：教师可以通过口头反馈、书面评论、电子邮件或学习管理系统等多种渠道提供反馈。在选择反馈工具时，考虑其可接受性和实用性至关重要。

利用技术工具如在线问答系统、实时反馈软件等，可以使反馈过程更加高效和互动，增强学生的学习动力。

通过上述策略，定期的反馈和评估不仅能帮助教师优化教学策略，提升教学质量，还能够使学生在学习过程中保持动力和参与感，有效地提高他们的学习成果和满意度。

5. 培训和支持教师

教师是互动式教学成功的关键，因此提供适当的培训和持续的支持是非常重要的。教师应该熟悉各种互动技术和方法，了解如何在课堂上有效地应用这些技术。此外，鼓励教师之间的经验分享和讨论也有助于提升教学质量。

（1）专业发展培训：定期举办教师培训研讨会，聚焦互动式教学方法，如协作学习、项目基础学习、角色扮演等。这些研讨会可以由经验丰富的教育专家或实践出色的教师主导。提供在线培训资源和自学模块，教师可以根据自己的时间安排自主学习，增强对互动式教学技巧的掌握。

（2）技术支持和资源：学校应提供必要的技术支持，如互动白板、学生响应系统、在线协作平台等，使教师能够更有效地实施互动教学。建立一个资源库，包含互动教学的案例研究、教学工具、课程设计模板等，供教师参考和使用。

（3）经验分享和同行评议：设立定期的教师交流会，教师可以在这些会议中分享他们的教学经验、成功案例和面临的挑战，以促进知识和经验的传播。实施同行评议机制，教师互相观课并提供反馈，这不仅能增进教师之间的理解和合作，还能帮助他们从同行那里学习有效的教学策略。

（4）激励与认可机制：为积极采用互动式教学方法的教师提供奖励和职业发展机会，例如，提供研究补助、资助参加国内外教育会议等。制定明确的评估标准，将互动教学的效果作为教师评估和晋升的重要参考依据。

通过这些策略的实施，教师不仅能够获得必要的知识和技能，提高教学效果，还能在教学过程中得到同行的支持和鼓励，从而更有效地运用互动式教育方法，促进学生的全面发展。互动式教育方法可以极大地提高思想政治教育的参与度和效果，帮助学生更深入地理解和参与政治社会的讨论与活动。这种教学方法不仅限于传授知识，更重要的是培养学生的综合能力，为他们未来的学术和职业生涯打下坚实的基础。

三、体验式教育方法

（一）概念与特点

体验式教育方法是一种教育模式，其核心在于以学生的亲身经历和参与为中心，强调通过直接体验、反思观察以及实际操作来获得知识和技能。这种方法使学生在实际情境中学习，通过自我探索和社交互动来促进深层次的学习过程。

在思想政治教育中，体验式教育方法以其独有的教学策略，有效地促进学生的价值观形成和道德认知的发展。这一方法主要通过以下几种方式实施：

（1）社会实践活动：如参与社区服务、社会调查等，让学生直接接触社会问题，亲身体验社会角色，从而深化对社会主义核心价值观的理解。

（2）志愿服务：通过参与公共福利和社会支持活动，学生可以实践公民责任和社会责任，增强社会参与感。

（3）模拟活动：如模拟联合国、模拟人大等，学生扮演政策制定者或国家领导人的角色，通过角色扮演深入理解国家治理和政策制定过程。

（4）案例研究：分析具体政治事件或历史案例，讨论其背景、影响及个人和社会层面的道德责任。

这种教育方式强调知识的实践应用，不仅传授理论知识，更重在培养学生的批判性思维、问题解决能力及自我反思能力。通过实际体验，学生能够更全面地理解并评估社会现象，形成自己的独立判断和见解，从而实现知识到能力的转化。

（二）实施策略

1. 实地考察

实地考察是体验式教育中一个重要的组成部分，通过这种方式，学生可以亲身体验和观察学习内容的实际应用。例如，参观历史遗址可以让学生直观地感受到历史事件的严肃性和重要性，参观企业和政府机关则可以让学生了解这些机构的运作模式和政策的实际影响。这种亲身经历的教育方式能够有效地将抽象的政治理论具体化，加深学生对知识的理解和记忆，也增强了学生对学习内容的兴趣和投入。

2. 实践项目

实践项目将课堂理论与现实世界的需求结合起来，如策划和执行社区服务项目或参与公益活动设计。这些项目不仅要求学生运用他们在课堂上学到的理论知识解决实际问题，还促进了他们的社会责任感。通过这种实践操作，学生可以直接看到自己的努力如何转化为社会价值，实现知行合一的教育目标，深刻体验个人行动对社会的正面影响。

3. 社会服务

社会服务和志愿活动是体验式教育的重要组成部分，它们能直接将学生置于需要帮助的环境中，如帮助老人、支教贫困地区、环境保护项目等。这些活动帮助学生实践社会主义核心价值观，如爱国、敬业、诚信、友善等，通过实际行动体验和反思社会的多样性和复杂性，从而培养学生的同理心和责任感。

（三）成功的关键因素和学生的反馈

1. 成功的关键因素

（1）学生参与度：学生的高度参与是体验式教育成功的核心。为了达到这一点，教师需要设计出富有吸引力和适度挑战性的活动，确保学生不仅是活动的观察者而是参与者。例如，通过互动式工作坊或实地任务，学生可以身临其境地参与问题解决和决策过程，从而提高他们的参与度和学习动力。

（2）反思机制：参与体验式活动后，进行有意义的反思对于巩固和增强学习成效至关重要。教师应该安排时间，让学生讨论和反思他们的体验，识别关键学习点，并探讨如何将这些学习应用到未来的实际情境中。有效的反思会帮助学生从实际经历中提取和构建知识，增强理解和记忆。

（3）支持系统：学校必须提供强有力的支持系统，包括必要的资源（如场地、工具、资料）、时间安排和专业指导，以促进体验式教育活动的有效实施。此外，支持系统还应包括教师的专业发展，帮助他们掌握组织和实施体验式学习活动的技能。

2. 学生的反馈

学生的反馈是评估体验式教育效果的重要指标。通过定期收集学生对活动的看法、感受以及建议，教师和教育机构可以得到宝贵的信息，帮助他们调整教学策略，改善教学方法，从而提高教育质量。学生反馈可以通过问卷调查、小组讨论或个别访谈等形式进行，重点关注学生的参与感、满意度和学习成果的自我评估。

通过密切关注这些关键因素和学生反馈，体验式教育可以更有效地实现其教育目标，同时激发学生的学习兴趣和参与热情，最终促进学生全面发展。

四、评估互动式与体验式教育的效果

（一）评估方法

评估互动式和体验式教育的成效需要采用多维度、多方法的综合评估策略，具体包括：

（1）学生参与度：学生的参与度是衡量互动式和体验式教育成功与否的重要指标。高参与度通常指学生在活动中的活跃程度、参与频次以及持续性的表现。这可以通过直接观察、学生自报、教师记录等方式具体评估。例如，教师可以记录学生在讨论、项目作业、实地考察中的活跃度和投入情况，评估其对活动的兴趣和参与深度。

（2）学生满意度：学生对教学活动的总体满意度反映了教学方法和教学内容的接受程度及其效果。满意度可以通过定期进行的问卷调查、学生面谈或课后小组讨论来收集。问卷和讨论应包括对教学内容、互动程度、课堂氛围、教材和教具应用等方面的评估。这些反馈将帮助教师了解教学活动的各个方面是否满足学生的需求，以及哪些方面需要改进。

（3）学习成果：传统的考试和测试主要评估学生的知识掌握程度，而在互动式和体验式教育中，更加重视学生的综合能力发展，包括实际操作能力、创新思维、问题解决能力等。因此，除了传统测试外，还应使用项目评估、案例研究分析、学生的反思报告和同伴评估等多种方法来评估学生的实际学习成果。这些评估方式能够更全面地反映学生在实际情境中应用所学知识与技能的能力。

（二）持续改进

教育者应基于评估结果定期反思和优化教学策略。这包括调整互动和体验活动的结构、引入新的教学工具和技术，或重新设计教学流程，以增强学生的学习体验和学习成果。例如，如果学生反馈显示某些互动活动不够吸引人，教师可能需要引入更多元化的互动形式，如虚拟现实体验或更具挑战性的项目任务。

为了持续提升教学质量，教育者自身也需要不断学习和适应新的教育方法和技术。参加专业发展工作坊、教育会议或在线课程可以帮助教师更新他们的教学技能和了解最新的教育理念。此外，教师之间的经验分享和相互讨论也是促进教学方法革新和个人职业成长的有效方式。通过这样的持续自我提升和专业交流，教育者能够更好地应对教学中遇到的挑战，有效实施互动式和体验式教育策略。

第三节　案例教学与问题导向学习

当前高校思想政治教育面临着诸多挑战与机遇。随着信息技术的飞速发展和全球化进程的加深，大学生的思想观念和行为模式呈现出多样化的趋势。这一现象使得传统的教学方法逐渐显露出局限性，如何有效地进行思想政治教育，成为教育工作者亟须解决的问题。同时，新媒体的广泛使用也为思想政治教育带来了新的教学工具和平台，提供了更新更动的教学方法和手段，这些都是当前高校思想政治教育的重要机遇。

一、案例教学法的理论与实践

（一）案例教学的定义与特点

案例教学法是一种以案例为中心的教学策略，通过引入具体的情境案例来引导学生探讨和解决实际问题。这种方法强调将理论知识应用于实际情境中，通过案例的分析与讨论，促进学生的深入理解和批判性思维的培养。

案例教学的基本特征包括实际性、情境性和互动性。通过实际的案例将复杂的理论知识具体化、情景化，使学生能在类似真实的环境中进行学习和思考。教学目标不仅在于知识的传授，更重在培养学生的问题解决能力、决策能力和独立思考能力。

这种教学策略的实施允许学生从多角度观察问题，不仅仅是作为旁观者，而是作为问题解决过程中的参与者。学生通过这种方式可以更好地理解理论的实际应用，感受到理论与实践之间的联系。案例教学通过创设真实或模拟的社会情境，促使学生将理论与实践相结合，这种结合不仅增强了学生的学习动机，也提高了他们解决实际问题的能力。

此外，案例教学还强调学生之间的互动交流。在案例讨论过程中，学生需要表达自己的观点，听取并理解其他同学的意见，通过集体讨论达成共识。这一过程提升了学生的沟通能力和团队协作能力，为他们未来在复杂社会环境中有效交流和协作打下基础。

通过这种教学方法，学生能够在安全的学习环境中犯错并从错误中学习，而这些错误在现实世界中可能会带来严重的后果。案例教学提供了一个允许学生探索、犯错和自我纠正的平台，通过这一过程，学生的综合能力得到了全面发展。

总之，案例教学法通过结合理论学习与实际应用，不仅提高了教育的趣味性和实效性，也极大地丰富了教育的内涵，使得学生能够在真实或模拟的复杂情境中发展必要的生活和职业技能。这种方法的成功实施，依赖于教师的专业指导、精心设计的教学案例和一个促进学生全面参与的教学环境。

（二）案例教学在思想政治教育中的应用

在思想政治教育中，选择案例应遵循相关性、典型性和教育性三个基本标准。来源广泛，可以是历史事件、经典文献、现实问题或者模拟情景。这些案例需要能够体现社会主义核心价值观，与学生的生活经验和当前社会热点紧密相关，以增强教学的吸引力和实效性。

案例教学通过提供具体的社会政治情境，使学生能够将抽象的思想政治理论与具体的社会实践相结合。通过对案例的分析，学生不仅能理解理论的适用场景，还能通过批判性思考来评估不同的解决方案，从而深化对理论的理解和应用。

选取的案例必须与学生当前的社会环境、文化背景及政治现实有关。这种相关性确保学生能够将学到的知识与自己的生活联系起来，增大学习的现实意义。例如，选择反映当代中国政策变动、社会改革或国际关系等方面的案例，可以让学生直接观察和分析现行政策的具体应用与影响。

案例应具有代表性，能够突出展示理论的核心思想和主要矛盾。典型案例的选择使得学生可以在一个相对集中的讨论中，见微知著，抓住问题的关键，对复杂的社会现象进行简化和模型化的理解。例如，通过研究特定的历史事件来展示特定理论的形成和发展，如改革开放、社会主义现代化建设的典型阶段。

案例应具有强烈的教育目的，通过案例的讨论和分析，不仅传授知识，更重要的是培养学生的批判性思维、道德判断力和社会责任感。案例的选择应促使学生思考和讨论哲学道德问题，如公正与利益的冲突、自由与责任的平衡等。

案例教学的成功在于其将抽象理论具体化，通过引入真实或模拟的社会政治情境，使学生能够在实际应用中理解和评估思想政治理论。此外，这种教学方法还鼓励学生进行深入的讨论和反思，使他们不仅仅是被动地接受信息，而是成为知识的积极构建者。通过这种方式，案例教学不仅提高了学生对政治理论的认知，更重要的是，提高了他们解决实际问题的能力，这对于培养具有高度社会责任感和实践能力的现代公民至关重要。

（三）案例教学的实施步骤

1. 准备阶段：案例的选择与设计

在准备阶段，教师需要精心选择与设计符合教学目标的案例。这包括对案例背景的全面研究，确保案例内容的真实性和教育价值，以及预设可能的学生提问和讨论点。此外，教师还需要准备相关的教学辅助材料，如多媒体演示、关键问题列表等。

（1）案例的选择：教师在挑选案例时，首先要确保案例与课程的学习目标紧密相关，能够突出所要讲授的理论知识点。选择的案例应具有典型性和代表性，能够引起学生的兴趣和共鸣。例如，选择涉及道德冲突、政治争议或经济改革的案例，能够激发学生的讨论热情和思考深度。

（2）背景研究：教师需进行深入的背景研究，以全面了解案例的历史背景、相关人物、事件发展过程及其在社会政治中的意义。这一步骤对于构建案例的教学框架至关重要，可以帮助教师在讲解中更准确地指出案例的学术和教育价值。

（3）教学辅助材料的准备：为了增强案例教学的效果，教师需要准备包括但不限于多媒体演示、图表、关键问题列表、关键角色和事件的时间线等辅助材料。这些材料不仅丰富了教学内容，也提供了视觉和逻辑支持，使学生能更好地理解和吸收案例中的信息。

（4）预设讨论点：教师需要预设可能引发学生兴趣的讨论点，这些讨论点应挑战学生的思考并促进其批判性思维的培养。教师可以根据案例内容预设一些争议性问题或道德困境，引导学生进行小组讨论，从不同角度探讨和分析。

通过这些细致的准备工作，教师可以确保案例教学在提高学生的政治敏锐性、道德判断力和问题解决能力方面达到最佳效果。这种方法论的实施不仅使学生在理论与实践之间建立联系，还激发了他们对思想政治教育内容的深入思考和持续兴趣。

2. 实施阶段：互动讨论与角色扮演

在实施阶段，教师引导学生围绕案例进行开放式的互动讨论。通过角色扮演的方式，让学生从不同角色的视角理解问题、分析问题并提出解决策略，这样的实践活动可以极大地提高学生的参与度和思考深度。

（1）互动讨论的组织：首先，教师应设置一个明确的讨论主题，并提供必要的背景信息，以确保所有学生都能够在相同的知识基础上参与讨论。接着，教师可以将学生分成小组，每组负责讨论案例中的特定问题或从不同角度分析同一问题。这种小组活动促使学生积极交流思想，共同探索问题的多元解决方案。

（2）角色扮演的实施：在角色扮演活动中，教师分配给学生不同的角色，如政策制定者、受影响的公民、批评者等，每个角色都有其独特的视角和利益诉求。通过扮演，学生需要深入思考并表达其角色的立场，进行辩护或提出批评，这样不仅加深了他们对案例的理解，还锻炼了他们的公共表达和策略思考能力。

（3）提高参与度和思考深度：通过这种互动和角色扮演，学生能够从理论的学习转向实际的应用，将抽象的政治理论与具体的社会情境结合起来。这不仅提高了学生的学习动机和参与感，还激发了他们的批判性思维，使他们能够从多角度、多层次分析问题，提出创新的解决方案。

这样的实践活动通过提供一个模拟的现实环境，让学生在安全的课堂设置中尝试和错误，学习如何在复杂的社会政治环境中作出决策。通过这种深度的参与和思考，学生的理解和应用能力得到显著提升，进而更有效地掌握思想政治教育的核心内容和方法。

3. 反馈阶段：评估与讨论

在活动结束后，教师需要组织学生进行反思和讨论，评估活动的效果，收集学生的反馈信息。教师应关注学生在活动中的表现和学习成果，以及学生对活动的感受和建议，据此调整教学策略，以增强未来教学的效果。

（1）组织反思会议：教师应安排一次全体会议或分组讨论会，让学生分享他们的体验和学习心得。在这个过程中，教师可以提出引导性问题，如"你在活动中学到了什么？""如果再给一次机会，你会如何改进自己的表现？"或"这次角色扮演有哪些现实的启示？"这些问题可以帮助学生深化对活动经历的理解，从而更好地链接理论与实践。

（2）评估活动效果：教师应从学生的参与度、互动质量、解决问题的创造性以及理论的应用深度等方面来评估活动的效果。这不仅包括学生的自我评估，也应包括同伴评估以及教师的观察。这种多元评估可以提供更全面的视角，帮助教师了解活动的教学效果和学生的发展情况。

（3）收集反馈信息：通过问卷调查、一对一访谈或开放式反馈会，教师可以收集学生对活动的直接反馈。这些反馈应包括学生对活动内容、教学方法、互动过程以及任何改进建议的看法。这些信息对教师调整教学策略、优化课程设计和提升学生体验至关重要。

（4）调整教学策略：基于学生的反馈和活动评估结果，教师需要进行教学策略的调整。这可能包括调整案例的选择、改善互动方式、增强角色扮演的现实性，或者引入新的教学工具和技术。通过这些调整，教师能够更有效地满足学生的学习需要，提高教学的整体质量和效果。

这一系列的后续活动和调整不仅是评估教学成效的手段，也是教师持续专业发展的重要部分。通过这种持续的反思和改进，教师能够逐渐精细化他们的教学方法，更好地实施体验式和互动式教育，从而在思想政治教育中取得更显著的教学成果。

二、问题导向学习（PBL）的策略与效果

（一）问题导向学习的定义与原理

问题导向学习（Problem-Based Learning，PBL）是一种学生中心的教学方法，它通过面对实际问题的解决过程促进学生的深入学习。这种方法强调学生的主动参与和自我引导学习，通过问题解决来探索和应用新知识。

1. PBL 的教育哲学与方法论

问题导向学习（Problem-Based Learning，PBL）起源于医学教育领域，其设计初衷是为了改善传统教学方法在临床思维和决策能力培养方面的不足。PBL 的核心哲学是"学习即做（learning by doing）"，这意味着学生不是被动接受知识的容器，而是通过解决具体的、实际的问题来主动构建和应用知识。这种学习方法强调知识的实践应用，追求的是通过实际操作来验证和反思理论，相较于传统的记忆式学习。这种方法更能加深学生对知识的理解并促进长期记忆。

在方法论上，PBL 强调学生的主动学习和教师的引导作用。它要求学生在面对开放式的、未结构化的问题时，能够自主地管理学习过程，从而培养他们的自我导向学习能力、批判性思维和创新能力。这一过程不仅仅是知识的获取，更重要的是通过问题解决过程中的探索、失败和重新尝试，来培养学生的持久学习技能和适应未来变化的能力。

2. PBL 的教学流程

PBL 的教学流程通常包括以下几个步骤：

（1）问题的介绍：教学开始于介绍一个实际的、与课程内容相关的问题情境。这个问题应当具有一定的复杂性，足以引发学生的兴趣和讨论。

（2）信息的收集和初步讨论：学生在小组中讨论这个问题，探讨可能的解决方案，并确定需要进一步研究的信息或知识点。此阶段，教师的角色是作为辅导者，帮助学生明确学习目标和方向。

（3）自主学习：学生通过阅读资料、搜索信息、访问专家等方式自主学习，以获得解决问题所需的知识和数据。

（4）再次讨论和解决问题：学生将自主学习阶段获得的信息带回小组，与同伴共同分析、讨论并制定最佳的解决策略。

（5）呈现和评估：学生们将他们的解决方案以报告、演示或其他形式呈现给全班。接下来进行反思和评估，教师和同学提供反馈，讨论解决方案的有效性和可能的改进方法。

通过这一流程，PBL 不仅让学生在实际情境中应用和测试理论知识，还通过反复的讨论和反思，提高了他们的分析和决策能力。这种教学方法使学生能够在实际应用中理解和内化知识，是一种有效的高等教育教学策略。

（二）PBL 在思想政治教育中的应用

在思想政治教育中，问题导向学习（PBL）提供了一个框架，让学生能够深入探讨并应对复杂的社会政治问题，从而发展其批判性思维和道德判断能力。以下是 PBL 在思想政治教育中应用的详细策略。

1. 设计问题情境：与时事政治相结合

在 PBL 模式下，思想政治教育可以通过设计与当前政治、经济事件密切相关的问题情境来实施。例如，教师可以创建情境模拟，涉及公民权利的讨论、新政策的制定分析，或国际关系的危机管理。通过这些实际和具体的情境，学生不仅能够激发学习的兴趣，而且能够直观地看到理论与实践的结合。

选择的情境应紧贴时事，如模拟当前国际热点事件（如全球气候变化协议的谈判、区域冲突的和平进程等），让学生在探讨中理解这些问题背后的政治理论和实际操作。这种方法使学生能够在真实的政治框架内评估不同的政治观点，理解政策制定的复杂性，以及政策对社会的多方面影响。

2. 引导学生主动探索与自我发现

在 PBL 的教学过程中，学生被鼓励采取主动学习的姿态，自行探索与问题相关的理论框架、实际数据和政策文本。教师的角色转变为辅导者和催化剂，他们不再是信息的单向传递者，而是通过提问和挑战，激发学生的探究精神和批判性思维。

学生通过研究相关文献、分析实际案例、讨论不同的观点，甚至通过亲身参与相关的社会活动（如参与地方社区的政治会议、非政府组织的活动等）来提出并验证自己的解决方案。这种自我导向的学习方式不仅增强了学生对知识的掌握程度，更重要的是，培养了他们独立思考和解决实际问题的能力——这是现代公民在复杂社会政治环境中所必需的关键技能。

通过这种策略，思想政治教育的 PBL 模型不仅仅是教授政治理论，更是一个让学生在实际操作中学习、思考和成长的过程，为学生未来成为具有批判性思维能力的社会成员打下坚实的基础。

（三）PBL 的教学成果与挑战

问题导向学习（PBL）方法在思想政治教育中的应用已经证明可以带来多方面的教学成果，尤其是在促进学生的批判性思维和问题解决能力上。然而，与此同时，实施 PBL 也不免面临一系列的挑战。以下详细讨论了这些成果与挑战，并提出了应对策略。

1. 教学成果：批判性思维与解决问题能力的提升

PBL 方法推动学生从传统的被动接受者转变为积极的参与者。在思想政治教育中，这种转变尤为重要，因为政治教育的复杂性要求学生能够从多角度分析问题。通过 PBL，学生被置于必须动用批判性思维来探索和解决问题的情境中，这不仅增强了他们的理解力，也锻炼了他们的决策能力。例如，学生可能需要评估某个政策的利弊，讨论其在不同社会和经济背景下的应用，或者预测政策变更对特定人群的影响。这种教学方法使他们能够关联理论与实践，提出创新的解决方案，从而更好地准备他们将来的公民角色。

2. 遇到的挑战

尽管 PBL 带来了显著的教学成果，但其实施过程中确实存在一些挑战，主要包括：

（1）资源需求高：PBL 活动往往需要大量的教学资源，包括多样化的教学材料和访问各种信息源的能力。学校需要投入相应的资金和设施，以支持这种教学模式。

（2）教师与学生的适应问题：对于习惯了传统教学方式的教师和学生，转向 PBL 可能会遇到适应上的困难。教师需要从知识的传授者转变为学习的促进者和问题的引导者，这要求他们具备不同的教学技能和心理准备。

（3）评估复杂性：PBL 中的学生表现评估比传统教学方法更为复杂。它不仅仅关注学生的知识掌握程度，更重视解决问题的过程和创新思维的表现，这需要更精细和多元化的评估工具。

3. 应对挑战的策略

为了应对这些挑战，学校可以采取以下策略：

（1）增加资源投入：确保有足够的物质和技术支持，例如提供访问专业数据库的权限，引入多媒体教学工具，以及增设专门的工作坊和讨论室。

（2）专业发展培训：为教师提供 PBL 教学法的培训，包括如何设计问题情境，如何引导学生讨论，以及如何进行有效的学生表现评估。

（3）建立支持性的教育环境：鼓励教师之间的合作和经验分享，建立教师支持网络，同时创造一个允许学生自由探索和错误的学习环境。

三、案例教学与 PBL 的综合应用

在当今的高等教育体系中，结合不同的教学方法来提高教育质量和学生的学习体验是教育创新的重要方向。特别是在思想政治教育中，案例教学（Case-based Learning）和问题导向学习（Problem-Based Learning，PBL）的融合提供了一种高效的教学模式。这种模式利用两种方法的互补优势，旨在最大化教学效果，尤其是在促进学生批判性思维和解决问题能力的培养方面。

（一）融合案例教学与 PBL 的模式

1. 结合案例与问题导向的教学流程

融合案例教学与问题导向学习（PBL）的教学模式提供了一种动态且富有挑战性的学习环境，特别适用于探讨复杂和多维的社会政治问题。这种教学流程的设计，旨在通过具体且实际的案例来激发学生的学习兴趣，进而通过问题解决来深化理解和应用。

（1）案例引入：教学活动开始于一个精心挑选的案例，这一案例通常涉及当前社会中的热点问题或具有历史意义的事件，具体、真实且复杂。这不仅使得学习内容贴近学生的生活实际，而且能够有效地桥接理论与现实世界的联系。例如，在探讨公民权利的课程中，教师可能会选择美国民权运动的一个关键事件，如 1963 年的华盛顿大游行，让学生分析这一历史事件如何影响了民权立法和公共政策的演变。

（2）问题定义：每个案例都嵌入了一个或多个具体问题，这些问题是教学的核心，需要学生运用他们的知识库和新的信息资源来解决。在公民权利的案例中，教师可能会提出的问题如："在不同政治环境下，民权运动是如何推动法律和社会政策变

革的?"这样的问题不仅促使学生回顾和利用历史和政治理论知识,也激励他们批判性地分析信息,探讨这些运动的策略和其成功或失败的因素。

(3)探索与解决:学生需要在小组内合作,利用各种学术资源和信息技术工具来研究问题。他们需要对案例进行深入分析,讨论不同的视角,并提出创新的解决策略。这一过程中,教师的角色是作为辅导者和引导者,他们提供必要的资源,如学术文章、法律文件、历史记录等,也在必要时提供问题解决的指导。

(4)讨论与反馈:教学流程的最后是学生展示他们的发现和解决方案。这通常通过报告、演示或者模拟会议的形式进行。学生需要对他们的解决策略进行辩护,并回应同伴和教师的质询。此外,教师会对整个过程进行总结,强调学习的关键点,并提供对学生表现的反馈,这有助于学生在未来的学习中作出调整。

通过这种融合案例教学与 PBL 的教学流程,学生不仅能够获得深入的知识理解,还能够在实际情境中发展关键的思考和问题解决技能,极大地增强了教学的实效性和吸引力。

2. 互补优势与教学效果的最大化

案例教学与问题导向学习(PBL)结合的教学模式在思想政治教育中提供了一种高效的学习方式。案例教学通过引入具体的社会政治事件或历史情境,帮助学生将抽象的政治理论与具体实例相连,从而更好地理解和记忆复杂的概念和理论。与此同时,PBL 方法强调从问题出发,促使学生主动探索和解决与案例相关的实际问题,通过这一过程,学生能够发展关键的分析和解决问题的能力。

在这种教学模式下,教师首先向学生介绍一个与课程内容密切相关的案例,这个案例既具有理论深度也具有实际的复杂性,如探讨政策制定的背景、影响以及结果等。案例的选择通常关注于那些能够激发学生兴趣和讨论的主题,例如,民权法案的制定和实施,或者国际关系中的重大事件如气候变化协议的谈判过程。

接着,PBL 的环节引入,学生被要求基于案例的具体内容,识别和定义核心问题,如评估某政策的社会影响、探讨其公平性或效率,或者模拟解决一个与案例相关的现实问题。通过这一过程,学生不仅需要回顾和应用课程中学到的理论知识,还需要进行独立的信息搜集和团队协作。

这种方法的互补性在于,案例教学提供了理论的实际应用场景,而 PBL 则提供了一个平台,让学生通过实际操作来测试和改进这些理论。学生在这一过程中的主动学习和互动合作，不仅加深了对政治理论的理解，也锻炼了他们的批判性思维、公共讲话、团队协作和解决复杂问题的能力。

最终，这种教学模式的效果通常通过学生的表现、项目的输出以及他们在解决问题过程中的创新能力来评估。学生能够在一个综合性的框架内理解和应用知识，将理论与实践紧密结合，不仅提高了思想政治教育的吸引力，也提升了其教育效果。这种综合应用模式展示了案例教学与 PBL 在现代教育中的重要性和有效性，尤其是在准备学生应对现实世界的复杂性和不确定性时具有不可替代的价值。

（二）教学策略的选择与调整

1. 根据教学内容与学生特点选择适合的方法

在实施融合教学策略时，选择适合的教学方法是至关重要的。教师需要考虑教学内容的特性和学生的学习需求，以确保教学活动既能引发学生的兴趣，又能有效地达到教学目标。

对于那些涉及广泛讨论和多角度分析的主题，案例教学通常更为适合。例如，在教授国际关系或公共政策课程时，通过引入具体的国际冲突或政策改革案例，学生可以从不同国家或政治团体的视角来分析问题，理解各种复杂因素如何影响政策的形成和结果。案例教学的这种应用不仅丰富了学生的学习内容，还提供了一个多元化的分析框架，帮助学生建立批判性思维和系统性分析的能力。

对于那些需要解决具体问题的课程内容，问题导向学习（PBL）方法则显得尤为重要。例如，在环境政策或社会正义课程中，教师可以设计与现实生活紧密相关的问题情境，如模拟城市规划项目或社会运动策略设计，挑战学生运用所学知识提出创新解决方案。通过 PBL，学生被置于问题的核心，必须主动搜集信息、分析数据并进行团队协作，这种方法极大地激发了学生的探索精神和创新思维。

此外，教师在选择教学策略时，也需要灵活调整以适应学生的反馈。如果发现学生在某一教学模块的参与度或理解程度不佳，可能需要切换教学方法或调整问题的难度和深度。例如，若学生对案例讨论反响平平，教师可以通过增加互动元素或引入与学生生活经验更贴近的案例来提高课堂活跃度和学习效果。

综上所述，融合案例教学与问题导向学习的教学模式要求教师不仅要精通两种教学方法的优势和应用场景，还要根据具体教学内容和学生反馈灵活调整教学策略。通过这种方式，教师能够最大化教学效果，促进学生的全面发展。

2. 调整与优化教学策略以适应学生反馈

教师应定期收集学生的反馈，以评估和调整教学策略。反馈可以通过问卷调查、小组讨论或一对一会谈收集。通过这种方式，教师能够获得关于课程内容、教学方法以及学生学习体验的直接信息。这些反馈是教学调整的重要依据，帮助教师更好地理解学生在学习过程中遇到的挑战和他们的具体需求。

根据学生的反馈，教师可以进行一系列的调整来优化教学过程。例如，如果反馈指出某个案例过于复杂，导致学生难以理解关键概念，教师可以简化案例或选择更贴近学生实际的案例。同样，如果学生反映某些问题过于简单或过于困难，教师可以适当调整问题的难度，以确保学习活动既有挑战性又不至于让学生感到沮丧。

此外，教师还可以根据反馈调整讨论和实践活动的方式。例如，如果学生反映传统的讲座式教学方式让他们感觉被动或不够参与，教师可以增加更多的互动性环节，如小组讨论、角色扮演或模拟练习，以提升学生的参与度和兴趣。这样的调整不仅能够激发学生的学习动力，还能够帮助他们更深入地理解教学内容。

教师应根据学生的反馈持续优化教学材料和资源，确保教学活动能够满足学生的学习需求和期望。这包括定期更新课程资料，引入最新的研究成果和实际案例，以及利用多媒体和技术工具来丰富教学手段。通过这些持续的努力，教师可以确保教学内容保持最新，教学方法有效，从而为学生提供一个充满活力、富有成效的学习环境。

通过实施这些基于反馈的教学调整，教师不仅能够提高教学质量，还能够更好地适应学生的多样化需求，从而促进他们在思想政治教育领域的全面发展。案例教学与问题导向学习的融合不仅能提升思想政治教育的教学质量，也能极大地增强学生的学习动力和教学的实际效果。

四、案例与问题导向学习的评估与反思

有效的教学方法需要持续的评估和反思以确保教育目标的实现。在结合了案例教学和问题导向学习（PBL）的教学策略中，持续的评估与反思不仅帮助教师了解教学活动的效果，还促进教学方法的迭代改进。

（一）评估方法与指标

1. 教学过程的观察与学生反馈的分析

教学过程的观察是一种关键的评估手段，它涉及对教学活动实施的直接观察，目的在于深入了解教学策略的实际效果。这包括监测学生的参与度、互动的频率及其质量等方面。为了有效捕捉这些细节，教师可以利用多种工具和方法。

一种常见的方式是使用视频记录技术。通过录制课堂活动，教师可以在课后回放视频，仔细分析学生的互动行为和参与情况。视频记录不仅可以帮助教师观察到学生在大组讨论中的表现，还能够捕捉到小组活动或个别学生在课堂上的具体表现。此外，视频记录也便于教师与同行分享和讨论，以获得改进教学的建议和策略。

实时观察同样重要，它允许教师即时感知课堂氛围和学生的反应。通过直接在课堂上观察学生的互动和参与度，教师可以更灵活地调整教学方法和节奏，例如，在观察到学生注意力分散时即时引入更多互动性或体验式学习活动以提高课堂活力。

学生反馈是评估教学效果的另一个关键因素。有效的反馈收集可以通过多种方式进行，包括但不限于问卷调查、讨论会或个别访谈。问卷调查可以设计为课后作业，要求学生就教学内容、教学方法及教学环境等方面给出意见和评分。讨论会则提供了一个开放的平台，学生可以在较为放松的环境中分享他们的看法和感受，这种方式有助于教师捕捉到更真实、更深入的反馈。个别访谈则适用于需要详细了解特定学生或特定问题的情况，使教师能够深入地了解学生的个人需求和挑战。

综上所述，通过结合视频记录、实时观察和多维度的学生反馈，教师能够全面评估互动式和体验式教学环节的有效性，并据此调整教学策略，以优化教学设计，提高教学质量，确保教学活动能够满足学生的学习需求和期望。这些评估工具和方法的综合使用，是提升教学效果和学生学习成果的关键。

2. 学习成果的定量与定性评估

定量评估和定性评估在教育过程中起着关键的作用，它们各有特点，并在评估学生的学习成效上互补。这两种评估方法合理地结合可以为教师提供全面的学生学习情况视角，从而更有效地指导教学和学习过程。

（1）定量评估：定量评估通常包括测试成绩、成果展示等可量化的指标，这些数据可以直观地反映学生在知识掌握和技能应用方面的成就水平。例如，通过期末考试、标准化测试或课程内的定期测验，教师可以获得数值上的反馈，明确学生在特定知识点上的掌握程度。此外，成果展示如实验报告、设计项目或演示等，也可以用来量化学生在实际操作中运用所学知识和技能的能力。这些定量数据不仅帮助教师评估个别学生的表现，还可以对比整个班级或学习群体的成绩分布，从而调整教学计划或提供额外的支持。

（2）定性评估：定性评估则关注于评估学生的批判性思维、解决问题的能力以及创新性思维的发展。这类评估不依赖于数值分数，而是通过更加主观的方法来评估学生的学习过程和质量。常用的定性评估方法包括项目评估、案例分析报告和学生的自我反思记录。通过这些方式，教师可以了解学生在理解复杂问题、分析情境、提出解决方案以及创新思考方面的进展。

项目评估通常涉及对学生在一个综合性任务中的表现进行全面审视，包括创意的发挥、问题解决过程、团队协作和项目完成度等方面。案例分析报告则要求学生深入探讨特定情境，应用理论知识来分析问题并提出可行的解决策略。学生的自我反思记录则是一种自评工具，使学生能够评估自己的学习过程，识别学习中的难点和成就，从而促进个人成长和自主学习。

通过这些评估帮助教师理解学生在理解复杂问题和运用理论知识方面的深度，同时也促使学生更加主动地参与学习过程，提升他们的自我监控和自我调节能力。定性评估的反馈可以为教师提供宝贵的信息，帮助他们更有效地指导学生，调整教学策略，以满足学生的个性化学习需求。

总之，结合定量和定性评估不仅能够提供全面的学生表现概况，还能够促进教育过程中更为精细和深入的学生发展监测与指导。

（二）教学反思与持续改进

1. 总结教学实践中的成功经验与不足

每个学期结束后，教师应该系统地分析教学过程中的成功点和不足，这种反思和评估对于持续提升教学质量至关重要。这一过程不仅有助于教师在未来的课程设计和实施中更加精准地定位教学方法和内容，还能够为整个教学团队提供宝贵的经验分享和教训总结。

（1）记录成功的经验：成功的教学经验，如特定案例的引入效果、某种互动模式的高效率，都应被详细记录。例如，如果在课程中引入了一个与当前政治事件相关的案例，而这个案例显著提高了学生的参与度和讨论质量，这种情况就应该被视为值得重复的成功经验。教师应详细记录何种类型的案例或互动模式取得了成功、在哪些具体环境下效果最佳，以及这些方法是如何与课程的其他部分协同工作的。

（2）分析未达预期的教学活动：与此同时，对于那些未能达到预期效果的教学活动，教师需要详细记录问题发生的环境、原因和当时的处理方式。这包括但不限于学生反馈不佳的课堂活动、失败的互动尝试或效果不佳的新教学工具的使用。通过分析这些不足，教师可以开始探索问题的根本原因，可能是课程内容与学生需求不匹配、活动安排的时间不当或教学方法的实施方式不适当。

（3）为未来的改进提供依据：记录这些详细信息将为之后的教学改进提供依据。通过回顾和分析这些数据，教师可以调整课程结构，重新设计活动，或者引入新的教学策略以更好地适应学生的学习需求和偏好。此外，这种系统的分析还可以帮助教师预测某些教学策略在不同类型的班级和学生群体中可能遇到的挑战，从而在实施之前进行必要的调整。

总之，通过系统地分析每个学期的教学成功点和不足，教师不仅能够增强自己的教学实践，还能不断地优化教学策略，确保每一次的教学都能达到更高的教学效果和学生满意度。这种持续的职业发展和教学质量提升对于教育者个人以及整个教育机构都是极其宝贵的。

2. 提出未来教学改进的方向与策略

基于反思和评估的结果，教师需要制定具体的改进策略。这可能包括调整案例教学或基于问题的学习（PBL）的具体实施方式，例如修改案例内容、改进问题设置、引入新的互动技术或调整小组组合方式。在这个过程中，教师必须考虑学生的反馈和学习成果，以确保所作的改变能够实际提高学生的学习效率和教学质量。

例如，如果学生反馈显示某个案例教学没有引起足够的兴趣或认为案例过于简单，则可能需要增加案例的复杂性或与当前热点事件的相关性，使之更具挑战性和时事关联。同样，如果问题设置未能有效激发学生的思考，教师可能需要重新设计问题，使其更具开放性和引导性，以促进学生的深入思考和讨论。

在互动技术的应用方面，引入新的工具或平台可以极大地增强课堂的互动性。例如，利用实时响应系统（clickers）或教育应用程序可以让学生即时反馈自己的理解和观点，增加课堂的动态互动。此外，调整小组组合方式，如根据学生的兴趣或能力水平进行重新分组，也可以提高小组工作的效率和学习的个体化体验。

同时，教师还应考虑如何利用新的教育技术和资源来增强教学互动性和体验性。例如，通过增加虚拟现实（VR）元素，教师可以创建更为沉浸和真实的学习环境，如模拟历史事件或政治情景，使学生能够在虚拟环境中直观地学习和体验复杂的政治理论和事件。此外，利用在线协作平台，如 Google Classroom 或 Microsoft Teams，可以促进学生之间及师生之间的更有效沟通和协作，增强学生的参与感和集体学习体验。

通过这些策略的实施，教师不仅能够针对性地解决教学中存在的问题，还能利用现代教育技术提升教学质量，确保每个学生都能在更加互动和富有体验性的教学环境中获得最佳的学习效果。这种持续的教学改进和创新是提高教育质量和学生满意度的关键。

第四节　跨文化交流与国际视野培养

在全球化迅速发展的今天，跨文化交流和国际视野的培养成为教育领域的重要议题。这两个概念虽然有所不同，但都指向了理解和接纳不同文化的能力，以及在此基础上进行有效沟通和交流的技巧。对于当代大学生来说，跨文化交流和国际视野的重要性不言而喻。首先，随着经济全球化和国际劳动力市场的融合，未来的职场竞争不再局限于本国范围，国际化的工作环境要求员工不仅要有专业技能，更要有良好的跨文化沟通能力。其次，随着互联网和现代通信技术的发展，信息流通更加迅速广泛，具备国际视野的大学生能更有效地获取信息，批判性地分析信息，从而在复杂的国际环境中作出更明智的决策。

一、跨文化交流的重要性

（一）全球化背景下的必要性

在全球化的大背景下，文化的交流与融合变得日益频繁。这种趋势对教育系统提出了新的要求：教育不仅要传授知识，更要培养学生的全球竞争力。跨文化能力，即理解和适应不同文化背景的能力，已成为当代教育的重要组成部分。这种能力使学生能够在多元化的环境中有效沟通，建立合作，解决冲突。

　　跨文化能力的培养对于未来职业发展尤为关键。随着企业的国际化扩展和全球劳动力的流动，工作环境变得越来越多元。在这样的环境中，能够跨文化交流的员工能更好地与国际同事合作，更容易获得跨国公司的青睐。此外，具备跨文化沟通技能的个人在职场上通常更具有适应性和创新性，这些都是现代企业极力寻求的员工特质。

　　跨文化能力的重要性不仅限于提高个体在国际市场中的竞争力，它还关系着企业的全球战略和运作效率。企业在不同文化背景下运营时，员工的跨文化能力可以促进更有效的沟通，减少误解和冲突，从而提高决策的质量和执行的效率。例如，一个能够理解亚洲和西方商业习惯差异的经理人，能够更有效地管理跨国团队，实现商业目标。

　　此外，跨文化能力还可以提升个人对全球事务的理解与参与度，从而使个人能够更好地适应全球化趋势，并在多元化的工作和生活环境中保持文化敏感性和尊重。这种能力的培养不仅限于学习不同的语言或文化事实，更重要的是通过体验和实践，学习如何在不同文化之间架起沟通的桥梁。

　　因此，教育系统需要通过整合国际视野和跨文化交流的课程，加强学生的全球意识和跨文化交流能力的培养。这可以通过引入更多国际合作项目、学生交换程序以及多文化团队项目等方式实现，让学生在实际的交流和合作中，学习并应用跨文化沟通的技巧。通过这些教育策略，我们不仅能培养出能够在国际舞台上发光发热的新一代，还能为构建更加和谐的全球社会作出贡献。

（二）政治理解与国际关系

　　在国际政治和全球关系的复杂框架中，跨文化交流起着至关重要的作用。不同文化对政治事件的理解和反应各不相同，因此理解这些文化差异对于国际关系的分析至关重要。例如，东西方在处理国际冲突、谈判方式及决策过程上存在显著差异，这些都根植于各自独特的文化传统和价值观。

　　东方文化通常强调集体主义、谦逊和间接沟通，而西方文化则更倾向于个人主义、直接表达和竞争性的对话方式。这些文化基础在国际场合中的表现往往影响着国家间的互动和协议的成败。例如，在东方文化中，避免直接的冲突和面子问题可能比实际的议题更重要，这可能导致谈判过程更加迂回和长期。而西方谈判者可能更直接地表达意见和需求，期望快速达成结果。

跨文化视角能够帮助政策制定者和外交官更准确地解读国际情势，预测不同国家的行为模式。例如，在处理国际贸易问题时，了解对方的文化背景可以帮助制定更为有效的谈判策略，从而达成互利的结果。对方文化的深入了解不仅可以帮助预见对方的谈判策略，还可以在谈判桌上利用文化优势，寻找共同点和缓和冲突点，从而促进更有效的沟通和理解。

此外，国际组织如联合国在促进全球和平与发展的过程中，也急需跨文化理解能力，以确保各种文化和政治背景下的国家能够有效沟通并协作。文化理解的深度直接影响到国际组织能否在全球范围内实现其目标，如维护和平、推动可持续发展和保护人权。国际组织的工作人员和代表必须具备能够跨文化交流的能力，以确保在处理全球问题时能够听取和尊重来自不同文化背景的声音。

因此，跨文化交流不仅是国际关系中的一种必要技能，更是全球政治和经济互动中不可或缺的一部分。在这个多极化和信息全球化迅速发展的世界中，培养跨文化交流能力，不仅可以提升国家之间的相互理解与尊重，还能够促进全球范围内的和平与共同发展。总体而言，跨文化交流的重要性在全球化的今天变得更加突出。它不仅是教育的重要组成部分，也是职业发展和国际关系理解的关键。教育系统和个人都应该认识到跨文化能力的重要性，并采取措施来培养这一能力，以适应日益全球化的世界。

二、国际视野的培养方法

（一）教育策略与课程设计

在全球化日益加深的当今世界，教育系统必须适应新的需求，通过具体的策略和课程设计培养学生的国际视野。一个有效的方法是在课程中融入国际案例和跨文化元素。例如，历史和社会科学课程可以包括各种国家和文化的政治事件研究，让学生通过比较不同国家的历史背景和文化差异来理解国际事件的多样性和复杂性。科学和技术课程也可以引入国际合作的案例，如国际空间站的研究项目，展示全球科学界的合作模式和成就。

通过将这些多元化和国际化的内容纳入课程，学生不仅学习到具体的科学知识和历史事实，还能从更广阔的视角理解这些信息的全球意义。例如，在讨论气候变化时，通过引入不同国家的政策响应和科技进展，学生可以了解到环境问题的全球性质及其对各国的不同影响。这样的教学不仅增强了课程的实际应用性，也提高了学生分析和解决复杂全球问题的能力。

此外，推广多语种学习也是扩展学生国际视野的重要方法。学习新语言不仅能够提高学生的语言技能，更重要的是可以深入了解该语言所代表的文化、思维方式和价值观。这种深入的文化理解能够使学生更加容易接受和理解不同的文化观点，促进他们成为具有全球视野的公民。例如，通过学习西班牙语，学生不仅能够交流，还能通过文学、电影和艺术等方式深入了解西班牙和拉丁美洲的文化。这样的跨文化学习体验不仅丰富了学生的知识结构，也培养了他们对多样性的欣赏和尊重。

语言学习的另一个好处是它常常伴随着直接的文化交流机会，如通过学校的语言交换项目或国际旅行，学生可以亲身体验不同的文化环境，这种亲身体验是书本学习无法比拟的。通过这些经历，学生不仅能够实践和加强新学的语言技能，还能在现实情境中应用他们对于文化差异的理解和尊重。

综上所述，通过将国际案例和跨文化元素融入课程设计，并推广多语种学习，教育系统可以有效地扩展学生的国际视野，为他们成为能够在全球化世界中成功的全球公民打下坚实的基础。

（二）学生交换与国际项目

国际学生交换项目提供了一个宝贵的机会，让学生亲身体验不同的教育系统和文化环境。通过与来自不同文化背景的学生共同学习和生活，参与者可以直接感受到文化差异，学习如何在多文化环境中交流和适应。这些经历通常能极大地提升学生的适应能力、独立性以及跨文化沟通技能，对他们未来在全球化职场中的发展极为有益。

例如，通过参与交换项目，学生不仅能够获得学术上的新知识，还能在日常生活中实践语言技能和文化理解。在遇到与自己文化背景不同的思考方式和行为模式时，他们需要运用和提升自己的适应性和解决问题的能力。这种类型的文化浸泡式学习使他们在理解全球多样性的同时，也建立了国际网络，为将来的职业机会和合作打下基础。

参与国际合作项目也是培养国际视野的有效途径。这些项目可能涉及国际发展、环境保护、公共卫生等多个领域，通过与国际组织、非政府组织和外国学术机构的合作，学生可以直接参与到解决全球性问题中来。这不仅能够增进他们对全球挑战的理解，还可以学习如何在不同文化的团队中发挥作用，提出创新解决方案。

例如，学生们可能会参与到国际环境项目中，与其他国家的团队一起工作，研究如何减少塑料使用或如何实现更可持续的城市发展。在这样的项目中，学生不仅需要应用他们的技术知识和创新思维，还需要学会如何在跨文化的团队环境中有效沟通和协作。

这些国际经验让学生们直接面对全球性问题，理解这些问题的复杂性及其对不同社群的影响。这样的体验教育不仅增强了他们的学术背景，更重要的是提升了他们作为全球公民的责任感和能力。通过这些活动，学生们学会了在多元文化的背景下寻求共识，并推动具有包容性的解决方案，从而真正拓宽了他们的国际视野。

总之，通过这些教育策略和国际化项目，学生可以从多方面获得跨文化和国际视野的培养，为其将来在全球化世界中的学术、职业及个人发展打下坚实的基础。

三、实践案例与成功经验

（一）国际会议和研讨会

参与国际会议和研讨会对学生视野的开阔具有重要影响。这类活动不仅为学生提供了与全球专家、学者和同行直接交流的机会，还使他们能够接触到最前沿的研究和多元的观点。例如，参加国际政治科学会议可以使学生深入了解不同国家的政治系统和国际政策，从而增进他们对全球政治动态的理解。

这些会议通常涉及广泛的议题，从全球经济、国际法律到人权问题等，为学生提供了一个学习和讨论国际问题的平台。在这样的会议上，学生不仅能够听取各种前沿的学术报告，还有机会直接与领域内的权威人士进行对话，提问和交流想法。这种互动经常能激发学生的学术兴趣和研究动机，促使他们在未来的学术或职业生涯中探索相关领域。

此外，通过参与国际研讨会，学生的国际交流能力得到显著提升。例如，一个关于可持续发展的研讨会可能会吸引来自世界各地对环境问题有深刻见解的人士。在这种环境中，学生不仅学习到关于环境保护的多种策略，还能练习如何在多文化背景下表达自己的观点和倾听他人的见解。这种实践是通过课堂学习无法获得的，它要求学生运用并加强他们的语言技能和文化敏感性。

例如，在讨论如何解决全球变暖问题时，来自不同文化背景的学生可能会有截然不同的观点和建议。通过这种交流，学生可以了解到不同国家在环境政策上的优先级和挑战，这不仅丰富了他们的国际视野，还帮助他们建立起全球思维的方式。这种能力在今天的工作环境中尤为重要，因为多文化团队和国际合作已经成为常态。

因此，鼓励学生参与国际会议和研讨会是一种极有效的教育策略，不仅能增强他们的学术背景，更能在实际中锻炼他们的跨文化交流能力，为他们将来在全球化世界中的成功奠定坚实的基础。

（二）跨文化工作坊与活动

跨文化工作坊是教育机构用以提高学生跨文化理解和沟通能力的有效工具。这类工作坊通常包括一系列的互动活动，如角色扮演游戏、团队合作任务和文化交流演讲，旨在模拟不同文化背景下的实际情境。通过这些活动，学生可以在安全的环境中探索和学习如何在文化差异中找到共同点，并有效地解决可能的文化冲突。

例如，角色扮演游戏可能要求学生扮演来自不同国家的角色，处理一个国际贸易问题。这种模拟不仅促使学生思考不同的文化如何影响商业决策和沟通方式，还能让他们实践在复杂情境中的谈判技巧。团队合作任务则可能设计为多文化小组共同完成一个项目，如共同筹划一个国际文化展览。这样的任务教会学生如何协调意见、整合资源，并从中学习到团队中每个成员的文化强项。

校园内多文化节日活动也是促进学生跨文化交流的重要方式。这些活动通常包括文化展示、食品节和传统艺术表演，让学生有机会直接体验和欣赏不同文化的独特性。例如，通过参加一个亚洲文化节，学生可能会体验到中国书法、印度舞蹈和日本茶道，这些体验有助于拓宽他们的文化视野并建立对这些文化的尊重和欣赏。更重要的是，这些活动提供了一个非正式的交流平台，学生可以自然地与来自不同文化背景的同学交友和交流，从而在日常生活中实践和加深他们的跨文化交流技能。

此外，这些节日活动往往吸引广泛的校园参与，包括来自不同学科的师生，这种跨学科的参与进一步丰富了活动的内容和影响力。例如，艺术学院的学生可能负责设计节日的视觉元素，而商学院的学生则可以参与活动的市场推广，这样的协作不仅促进了跨文化交流，也提升了跨学科合作的能力。

　　综上所述，通过跨文化工作坊和多文化节日活动，学生不仅可以在理论和实践中增强自己的跨文化交流和协作能力，还能在日常生活中深入理解和欣赏世界的多样性。这些经历为他们将来在全球化的世界中生活和工作奠定了坚实的基础。通过这些实践案例和成功经验，可以看到教育机构在培养学生国际视野和跨文化能力方面所采取的多样化方法。这些方法不仅提升了学生的学术和职业技能水平，也为他们成为全球公民奠定了坚实的基础。

参考文献

［1］连艳辉，闻竞，贾晓强．新媒体背景下高校思想政治教育的解读研究［M］．长春：吉林出版集团股份有限公司，2020.

［2］斯琴高娃．新媒体视角下的高校思想政治教育研究［M］．延吉：延边大学出版社，2018.

［3］孟莉．网络舆情高校思想政治教育工作的新视域［M］．合肥：合肥工业大学出版社，2016.

［4］傅进军．高校思想政治教育的创新与发展［M］．杭州：浙江科学技术出版社，2006.

［5］王建利，武世铎．高校思想政治教育创新论丛：第1辑［M］．西安：西北大学出版社，2007.

［6］张锦高，丁振国．高校思想政治教育进网络的思考与实践［M］．武汉：中国地质大学出版社，2002.

［7］周小李．数字世代的公共参与和公共精神培育［M］．武汉：华中师范大学出版社，2022.

［8］李风啸．新时代数字化与高校思政教育的深度融合［M］．北京：中国纺织出版社，2022.

［9］浙江省教育厅．智慧思政数字赋能浙江省高校网络育人理论与实践［M］．杭州：浙江工商大学出版社，2021.

［10］江苏省OEH开放实验室．数字化学习与学习化社会"教育信息资源网络建设对策研究"阶段成果［M］．上海：百家出版社，2002.

［11］张巧利．新媒体环境下高校思想政治教育改革研究［M］．北京：中国纺织出版社，2019.

［12］江丽，帖伟芝．新媒体时代高校思想政治教育创新研究［M］．郑州：中州古籍

出版社，2015.

[13] 自媒体时代加强高校学生思想政治教育创新工作［M］．沈阳：辽宁大学出版社，2020.02.

[14] 吴满意．高校网络思想政治教育学研究［M］．成都：电子科技大学出版社，2006.05.

[15] 李宪伦．思想政治教育新话语探析［M］．重庆：重庆大学出版社，2007.

[16] 谢海光．思想政治工作网站创新［M］．上海：复旦大学出版社，2006.

[17] 尹新，杨平展．融合与创新高校教育信息化探索与实践［M］．长沙：湖南科学技术出版社，2018.

[18] 谢海光．互联网与思想政治工作概论［M］．上海：复旦大学出版社，2000.

[19] 河北省思想政治工作研究会．政工新视野网络时代思想政治工作案例选［M］．石家庄：河北教育出版社，2014.

[20] 黄明伟．大学生网络思想政治教育实施要素研究［M］．北京：新华出版社，2007.

[21] 高校教师资格考试命题研究中心．高校教师资格考试专用教材高等教育理论综合［M］．成都：电子科技大学出版社，2017.

[22] 陈巍．高校网络育人的探索与实践基于浙江省网络育人试点高校的实证研究［M］．上海：上海交通大学出版社，2022.

[23] 张东平．求索 上海市区办高校教师论文集：第17期［M］．上海：复旦大学出版社，2019.

[24] 张建军，陈年友．高校教育教学改革论文精选：第2辑［M］．武汉：武汉理工大学出版社，2003.

[25] 陈文博，郑师渠．"三个代表"重要思想与教育创新［M］．北京：北京师范大学出版社，2003.

[26] 许瑞芳．社会变革中的中国高校德育转型［M］．上海：上海教育出版社，2014.

[27] 高万能．民族预科教育研究［M］．贵阳：贵州大学出版社，2011.

[28] 刘玉彬，杜元虎．民族高等院校教育创新与教育管理研究［M］．大连：大连出版社，2011.

［29］王爱祥．高校思想政治教育仪式感染性研究［M］．上海：华东理工大学出版社，2023．

［30］王薇．高校思想政治教育热点与多元探讨［M］．北京：北京工业大学出版社，2023．

［31］吴满意，徐先艳．高校思想政治教育数据治理研究［M］．北京：团结出版社，2022．